우리 아이
진짜 글쓰기

우리 아이 진짜 글쓰기

바로 알고 시작하는 초등 글쓰기

초판 1쇄 인쇄 2017년 11월 10일
초판 2쇄 발행 2019년 5월 20일

지은이   오현선

펴낸이   강기원
펴낸곳   도서출판 이비컴

디자인   이유진
마케팅   박선왜 원보국

주 소   (02635) 서울 동대문구 천호대로81길 23, 201호
전 화   02-2254-0658 **팩 스** 02-2254-0634
등록번호 제6-0596호(2002.4.9)
전자우편 bookbee@naver.com
I S B N 978-89-6245-142-9 (03370)

ⓒ 오현선, 2017

「이 도서의 국립중앙도서관 출판예정도서목록(CIP)은 서지정보유통지원시스템 홈페이지
(http://seoji.nl.go.kr)와 국가자료공동목록시스템(http://www.nl.go.kr/kolisnet)에서
이용하실 수 있습니다.(CIP제어번호: CIP2017027786)」

바로 알고 시작하는 초등 글쓰기

우리 아이
진짜 글쓰기

오현선 지음

이비락樂

글쓰기 지도가 오늘도 여전히 '실패'인 이유

글쓰기가 좋다는 아이를 만나기란 쉽지 않습니다. 대부분의 아이는 글쓰기를 어려워할 뿐만 아니라 매우 싫어합니다. 일기, 독서록을 막론하고 글쓰기의 '글'자만 들어도 고개를 절레절레 흔드는 아이들이 대부분이니까요.

글쓰기를 좋아하는 어른들도 많지 않습니다. 독서 지도를 하시는 선생님들조차 글쓰기가 어렵다고 합니다. 늘 '써야지' 하면서 막상 자리에 앉아 글을 쓰기까지 참 오랜 시간이 걸리는 것을 봅니다. 실제로는 시도조차 안 하는 경우도 많습니다.

엄마들도 마찬가지일 것입니다. 글쓰기와 관련된 직업을 갖고 있지 않은 경우라면 대부분 학창 시절에 억지로 써야 했던 '지겨운 글쓰기 과제'가 글을 쓴 마지막이 아닐까 추측해 봅니다.

아이들은 초등 1학년이 되자마자 본격적인 글쓰기를 합니다. 학교생활을 하면서 자연스럽게 일기와 독서록 숙제가 주어지니까요. 교과 과정에서도 학년이 올라감에 따라 여러 갈래 글쓰기를 배우게 되어 있어 끊임없이 글을 써야 합니다.

글쓰기를 두려워하거나 어려워하는 어른들, 글쓰기를 가르치고 있는 우리 교육 현실. 뭔가 이상하지 않은가요? 대부분의 어른은 글쓰기를 어려워하거나 하지 않는데, 대부분의 아이는 글쓰기를 배우고 있다는 사실이 아무리 생각해도 의아합니다.

누가 누구에게 가르치고 있는 것일까요? 쓰지 않는 어른들이 잘 쓰는 아이를 길러낼 수 있을까요? 글쓰기에 대해 아는 것이 없이 가르칠 수 있을까요? 가르치는 사람이 더하기를 못 하는데 아이들에게 나누기까지 가르치고 있는 것이 우리 글쓰기 교육의 현실입니다. 부끄럽지만 우리 모두 이 현실부터 바로 보아야 합니다.

학교에서는 대부분 일기가 무엇인지, 독서록이 무엇인지 가르쳐주지 않고 과제부터 내준다는 사실을 거의 알고 계실 거라 생각합니다. 그 과제는 고스란히 엄마 숙제가 되어버린다는 것 또한 다 알고 계시겠지요. 어떻게 지도해야 할지 모르는 엄마는 기억을 더듬어 어릴 때 썼던 '잘못 배운 방식'을 아이들에게 그대로 알려주곤 합니다. 엄마 입장에서 최선을 다한다는 것을 알지만 한편으로는 참 안타까운 일이기도 합니다.

그런 경험을 1년 정도만 하면 아이들은 대부분 글쓰기를 싫어하게 됩니다. 그냥 싫어하는 게 아니라 끔찍하게 싫어하게 됩니다. 그리고 배우지 않았을 때보다 더 못 쓰는 상태가 되어버리기도 합니다. 슬픈 일이지요.

이런 상황의 반복이 너무 오래 지속되고 있습니다. 날이 갈수록 글쓰기는 더 중요해지는데 현실이 변하지 않는다면, 정말 진지하게 한 번 돌아보아야 하지 않을까요? 당장 독서록과 일기 숙제도 물론 중요하지만 그에 앞서 근본적인 문제가 무엇인지 생각해 보아야 합니다. 그리고 왜 글쓰기 지도가 여전히 실패인지 찬찬히 생각해 보고 해결 방법을 찾아야 합니다.

그 기본부터 차근차근 안내하고 싶습니다. 초등 글쓰기 지도에 있어 지금까지 세상에 없었던 '획기적인 방법'은 있을 수 없습니다. 글을 쓰는 방법론에 대해 과연 누가 정확하고 선명하게 말할 수 있을까요?

부끄럽지만 저도 글을 잘 쓰지 못합니다. 그저 쓸 뿐입니다. 현장에서 글쓰기 지도를 하는 사람으로서 못 쓴다는 부끄러움을 숨기기 위한 저의 유일한 도피가 아이러니하게도 바로 글쓰기입니다. 쓰다 보면 나날이 늘 것이라는 믿음과 그 믿음을 바탕으로 현장에서 글쓰기를 지도하고 있음을 고백합니다.

그런 부끄러움을 안고 또 이렇게 초등 글쓰기 지도서를 내게 되었습니다. 부족하지만 책을 따라 오시면서 천천히 생각해 주시기를 부탁드립니다. '뻔히 아는 이야기'라고 넘어가지 말고, 그 뻔히 아는 한 가지를 제대로 실천하고 있는지 점검하며 이 책을 읽는다면 책을 다 읽은 후에는 분명 변화가 있으리라 믿습니다. 그렇다면 우리 아이들이 '글쓰기를 좋아하지는 않아도 글쓰기를 끔찍하게 싫어하는 일은 줄어들 것'이라 믿습니다.

마지막으로 글을 실을 수 있도록 허락해 준 논술 교실 아이들과 학부모님께 감사드립니다. 책의 구성에 맞는 글을 고르느라 몇몇 아이들의 글만 담았으나 오늘도 논술 교실에서는 많은 아이가 성실히 자신의 삶을 글로 담아내고 있으며 아이들이 쓴 글은 모두 소중합니다.

또한 저의 전작 『우리 아이 진짜 독서』에 이어 부족한 글을 책으로 엮어주신 출판사에도 진심으로 감사의 말씀을 전합니다. 무궁한 발전을 기원합니다.

2017년

오현선 드림

—— 일러두기

1. 이 책에 실린 아이들의 글은 읽는 이의 이해를 돕기 위해 어색한 문맥을 다듬는 정도에서 수정하였습니다.

2. 아이들의 이름은 학부모의 동의를 구해 기재했으며, 몇몇 글은 사정상 가명처리하였습니다.

차
례

한걸음 초등 글쓰기, 짚고 넘어가기

초등 글쓰기,
짚고 넘어가기

4차 산업혁명
시대의 글쓰기

시대가 놀랍도록 급변하고 있습니다. 최근에는 4차 산업혁명이 이슈로 떠올라 많은 이들이 이에 관심을 보입니다. 이 변화에 어떻게 대응해야 하는지 여러 곳에서 다양한 목소리가 들려옵니다. 언론들도 앞 다투어 관련 기사를 내면서 관심을 유도하기도 합니다. 관련 방송과 기사를 찾아 읽다 보면 4차 산업혁명 시대를 바라보는 여러 상반된 의견과 입장이 있음을 알게 됩니다. 누구는 위기라고 하고 누구는 기회라고 합니다. 위기일까요, 기회일까요? 위기이든 기회이든 우리 앞에 큰 변화가 기다리고 있다는 것 하나만은 확실합니다.

미래 사회는 크게 달라지며 새로운 시대가 올 것이라는 이야기를 끊임 없이 듣다 보면 우리는 본능적으로 불안을 느끼게 됩니다. 미래에 대한 불안은 현실을 고민하게 하지요. 미래 사회를 살아갈 우리 아이들의 교육은 어떠해야 하는가? 부모의 가장 근본적인 걱정은 바로 이것이 아닐까 합니다.

안타깝게도 많은 고민과 우려와 상관없이 우리 교육의 변화는 매우 더딥니다. 여전히 암기하고 문제 풀이에만 집중하는 주입식 교육을 하고 있습니다. 여전히 스스로 생각하고 판단할 줄 모르는 아이, 사회에 나가서는 아무것도 할 수 없는 아이를 길러내고 있는 것이지요.

현실은 암담하지만 우리는 꾸준히 변화를 촉구해야 합니다. 변화하기 위해 고민하고 노력해야 합니다. 다행히 또 다른 움직임이 꽤 오래전부터 있었습니다. 책을 읽고 토론하고 글을 쓰며 창의적으로 사고할 줄 아는 인재, 이런 인재를 키우기 위한 움직임이 곳곳에 있다는 것은 한 편으로 매우 희망적입니다.

더 이상 지식습득만이 중요하지는 않다는 말은 많이 들어보셨을 겁니다. 넘쳐나는 정보와 지식에서 진짜와 가짜를 판별하여 잘 편집해 내는 능력 있는 사람, 그 지식을 자신만의 방식으로 재구성하여 아웃풋(output)할 줄 아는 사람이 살아남을 것입니다. 나아가 이런 능력이 있는 아이는 학습만 잘하는 아이가 아니라 다양한 변화상황을 빨리 학습하여 문제를 해결할 줄 아는 문제 해결력이 있는 아이이기도 합니다.

그런 아이가 갖추어야 할 조건 중 한 가지가 바로 글쓰기입니다. 글은 생각이 없으면 쓸 수 없습니다. 아무리 쉬운 글이라고 해도 일정 수준 이상의 지식이 있어야 쓸 수 있습니다. 이미 글로 소통하는 시대입니다. 성인 중에 SNS(Social Network Services)를 안 하는 사람은 거의 없을 것입니다.

아이들도 일찍이 인터넷과 스마트폰을 접하면서 SNS를 하기도 합니다. SNS에서 글로 의사 표현을 하고 타인의 생각을 전해 듣기도 하며 내 생각을 전달하기도 하는 시대입니다.

일상에서의 소통은 물론이거니와 업무 역시 글로 가능합니다. 이미 면대면이 아닌 글로 회사 업무를 전달하여 처리하는 회사가 많습니다. 글은 공간을 초월하여 소통할 수 있는 도구이기에 가능한 일이지요. 시간마저 초월하여 세대를 넘나들며 서로 영향을 주고받는다는 것은 말하자면 입이 아픈 이야기입니다.

글 안에는 자기를 담을 줄 알아야 합니다. 짧게는 자신이 편집한 지식을 담아야지요. 더 나아가 자신의 생각을 담을 수 있어야 합니다. 그 밖에 자신의 일과 관련된 글도 써야 할 것입니다. 한 가지 주제가 주어지면 그 주제에 맞는 글을 써낼 줄 알아야 글로 소통하는 미래인재의 기본을 갖추었다고 할 수 있을 것입니다.

자기 삶을 담는 글도 쓰게 되겠지요. 삶을 담는 일은 지극히 개인의 일처럼 보일 수도 있으나 그렇지 않습니다. 개인의 삶도 사회 속에서 만들어지니까요. 그리고 우리는 그 '개인의 삶'이 담긴 글을 '위인전'이라는 형태로 만나본 적이 있습니다. 그런 글이 주는 영향력은 제가 굳이 언급하지 않아도 아실 거예요. 자기소개서를 잘 쓰기 위해 애쓰는 사람 또한 얼마나 많은가요. 자기소개서는 자신의 삶은 물론 자신의 소신과 삶, 생각, 능력을 보여줄 수 있는 위대한 글입니다. 짧으면 짧은 대로 길면 긴 대로 정해진 분량 안에 자신에 대해 표현한다는 것이 쉽지 않지만 그래서 더욱 위대한 글이라 말하고 싶습니다.

저는 초중등 대상의 논술 교실을 운영하고 있어요. 흔히 '초등 독서논술'이라고 부릅니다. 직업 특성상 끊임없이 새로운 아이와 학부모를 만나는데, 초등 논술수업을 찾는 학부모의 요구는 대체로 비슷합니다. 그중에서 '글쓰기'와 관련된 요구도 대동소이합니다.

일차적으로는 학교의 일기와 독서록 숙제 때문에 논술 교실을 찾곤 합니다. 일부는 서술형 평가에 대비하기 위함이라고도 하시지요. 더 나아가 대학입학에 필요할 것 같다며 입시논술의 선(先) 준비로 생각하는 분들도 간혹 있습니다.

정말 그것이 초등 글쓰기 교육의 목표일까요? 그렇지 않습니다. 무엇이든 목표를 잘못 설정하면 잘못된 방법을 적용하게 되어 있습니다. 잘못된 방법에서 시작된 교육이 목표를 달성하게 할 리가 없겠지요. 일기와 독서록만을 목적으로 논술 학원에 보내면 원하는 결과를 얻을 수 없을지도 모르겠습니다. 서술형 때문에, 입시 때문에 시작해도 마찬가지입니다.

물론 일기는 모든 글의 시작이므로 중요합니다. 독서록 또한 당연히 중요합니다. 하지만 글쓰기 영역을 조금 더 확장해서 생각해 볼 필요가 있습니다. 방대한 지식을 읽고 이해하여 편집하고 재생산해 낸 것들을 총체적으로 정리할 수 있는 글쓰기 능력, 자신을 온전히 담아낼 수 있는 글쓰기가 필요하며, 초등 글쓰기 지도를 할 때도 그 점을 염두에 두어야 합니다.

이해가 쉽도록 한 가지 예를 들어보겠습니다. 흙탕물을 뒤집어 쓴 아이가 있다고 가정해 보겠습니다. 저는 우선 그 아이의 흙이 묻은 옷부터

벗긴 뒤에 몸을 전체적으로 씻기기 시작할 것입니다. 머리부터 시작해서 흙을 걷어내며 차근차근 씻기겠지요. 여기에서 '흙탕물을 뒤집어 쓴 아이'는 '글을 못 쓰는 아이'를 비유한 것입니다.

그런데 어떤 학부모는 몸 전체를 보지 않고 자꾸 손톱에 낀 흙만 빼달라고 합니다. 그것만 해결되면 다 깨끗해질 것처럼 발을 동동 구르고 오로지 손톱만 바라봅니다. 지금 우리 사회에서 글쓰기 능력이 필요한 이유나 방법론에 대해 큰 시선을 갖지 못하고 당장 눈 앞에 일기와 독서록만 해결하려는 모습과도 같은 것이지요.

당장 눈앞의 일만 해결하려는 교육은 종국에는 눈앞에 닥친 일조차 해결하지 못하는 아이로 만든다는 것을 우리는 알고 있습니다. 시선을 좀 더 넓게 두기 위해서는 멀리 내다보아야 합니다. 그래서 부탁드리고 싶은 것이 있습니다. 우리 동네에만 머물러 있지 말고, 옆집 아이에게만 집중하지 말고, 내 아이가 못하는 한두 가지에만 집중하지 말고, 이 세상을 어떻게 살아나가야 할지에 대해 진지하게 고민해 주세요. 요즘 공부하는 엄마들이 늘어나는 이유 또한 당장 시험 점수에 목매고 앞만 보았던 지난 우리 교육에 대한 반성의 증거가 아닐까 합니다.

저는 전작 『우리 아이 진짜 독서』에서 부모 독서의 중요성을 강조했습니다. 부모가 먼저 읽고 깨어 있지 않으면 교육이 산으로 가기 때문입니다. 무엇이 먼저이고 무엇이 나중인지 알아야 교육의 로드맵도 그려질 것입니다. 무엇이 더 중요한지 알아야 당장 눈앞의 과제 때문에 아이를 다그치는 일도 사라질 거고요.

시선을 멀리 두고 아이 몸 전체를 씻기고 있는데 자꾸 손톱만 해결해

달라는 학부모를 논술 수업 현장에서 수없이 만나왔습니다. 서술형 평가
도 중요하고, 일기와 독서록도 중요하지만 과연 그것을 왜 해야 하는지
생각해 보는 것, 그것이 아이 몸 전체를 바라볼 줄 아는 시선을 길러줄
것입니다. 결국 초등 글쓰기 지도도 '엄마 책읽기' 나아가 '부모 책읽기'에
서 시작됨을 다시 강조하고 싶습니다.

글로 표현해야 알 수 있는
진짜 내 생각

글을 쓰다 보면 신기한 현상을 발견합니다. 분명히 처음에는 내가 쓰려고 하는 메시지가 있었는데 문장을 이어갈수록 그 메시지가 달라짐을 느끼는 경험입니다. A라는 메시지가 B가 될 때가 있습니다. 때로는 C가 되기도 하고 전혀 생각지 못한 D가 되기도 합니다. 글을 쓰는 과정에서 생각이 여러 차례 바뀔 때면 간혹 당혹스럽기까지 합니다. 분명 자신의 생각을 표현하기 위해 글쓰기를 시작한 것인데 쓰는 도중에 생각이 바뀌어 버리니 당황스러울 수밖에요.

이런 경험은 글쓰기 초보 때 종종 겪는 일이기도 하고 매우 자연스러운 현상이기도 합니다. 정확히 말하면 글을 쓰는 과정에서 생각이 달라지는 것은 아닙니다. 글을 쓰기 전에 내 생각이 명확하지 않았던 것입니다. 글을 쓰기 전에는 막연히 '나의 생각은 이렇다.'라고 오해하거나 착각하고 있었던 것이기도 합니다.

글을 쓰다 보면 내 생각에 천천히 접근하게 됩니다. 문장을 이어가면서 생각이 조금씩 명료해집니다. 그리고 다 쓰고 나면 글을 쓰기 전에 머릿속에 막연히 담고 있던 것이 진정한 나의 생각이 아니었음을 확인하게 됩니다. 이런 의미에서 성인들 또한 자신의 생각을 갖고 주체적인 삶을 살아가려면 반드시 글을 써야 합니다.

그래서 글을 쓰는 사람은 생각이 자랄 수밖에 없습니다. 생각이 자라려면 현재 자신의 생각을 인지하고 있어야 하는데 글을 통해 그것이 명료해지기 때문입니다. 그렇게 나의 생각을 인지하고 그것을 글로 풀어내는 과정에서 우리는 생각하는 힘이 생깁니다. 이것이 글을 쓰면 '사고력이 좋아진다.'고 말하는 이유이기도 합니다.

저는 수업을 하면서 간혹 문학 작품 등장인물에 대해 이야기를 할 때가 있습니다. 인물의 행동에 대해 찬반을 나누어 옳고 그름에 대한 자신의 생각을 나누는 것인데, 아이들 각자의 생각이 정해졌다 싶을 때 글로 정리를 합니다. 그런데 수업을 하다가 종종 마주하는 일이 있습니다. 바로 아이들이 아래와 같은 말을 하는 것입니다.

선생님, 저 생각이 달라졌어요.
아까 했던 주장과 반대로 써도 될까요?

이런 표현을 하는 아이들의 생각은 정말 달라진 것일까요? 물론 그럴 수도 있습니다. 하지만 달라질 것이었다면 토론을 하는 과정에서 이미 입장이 정해졌을 거예요. 이는 생각이 달라진 것이 아니라 진짜 내 생각에 다가선 것입니다. 글을 쓰지 않았다면 아이는 자신의 명확한 생각을 모르고 있었다는 것이겠지요.

글을 써야 내 생각을 알 수 있다는 말이 어렵다면 지금 한 편의 글을 써 보시기를 권합니다. 평소 관심 있는 주제에 대하여 써 보세요. 예를 들어 '명품은 필요하지 않다.'라는 생각을 평소에 하고 있었다면 그 주제로 글을 써 보는 것입니다. 쓰는 과정에서 내 생각이 더 확고해지거나, 반대로 생각이 바뀌었다면 바뀐 대로 명료해질 것입니다. 그것이 나의 생각이며, 글을 썼기에 진짜 생각을 알게 된 것입니다.

사람은 날마다 생각하고 그 생각대로 살기 때문에 글쓰기 또한 날마다 해야 합니다. 자신의 생각을 모르는 사람이 자신의 생각대로 살 수는 없기 때문입니다. 많은 엄마들이 내 아이가 주도적인 사람이 되길 원합니다. 그렇다면 글을 쓰게 해야 합니다. 흔히 날마다 '일기'를 써야 한다고 말하고 일기 쓰기만 잘해도 성공이라고 하는 이유가 바로 그것입니다. 일기 쓰기는 성찰이고 더 나은 내일을 위한 발자국들이니까요.

글로 표현하지 못하는 것은
억울한 일이다

누군가와 작은 말다툼을 한 경험이 누구나 있을 것입니다. 그런데 희한하게도 돌아서면 더 화가 나고 그 화는 점점 커집니다. 그 이유 중 한 가지는 '아까 이렇게 말할걸.' '왜 그 말에 내가 적절히 대응하지 못했을까.' '왜 마음에 있는 말이 꼬여 나오지 않았을까.' 등의 억울함 때문일 것입니다. 비단 말다툼뿐 아니라 면접 등의 중요한 자리나 발표, 혹은 저의 경우 독서토론에서 하지 못한 말, 표현하지 못한 말이 두고두고 후회되고 아쉽기도 합니다. 적절한 순간에 적절한 말을 하지 못한 아쉬움은 생각보다 꽤 오래가거든요.

그렇다면 글로 표현하지 못한 것을 억울해하는 사람도 있을까요? '말'을 하지 못해 억울해하는 사람보다는 적겠지요. 그건 아마도 글쓰기를 생활화하지 않기 때문이 아닐까 합니다. 날마다 말을 하듯이 날마다 글을 쓰면 글에 담지 못한 것에 대한 아쉬움을 느끼게 될 거예요.

　제 경험에 의하면 책을 읽는 사람은 글을 쓰고 싶게 되는 것 같습니다. 책을 읽다 보면 다양한 생각이 생기고 때로는 여러 책을 통해 생각들이 충돌하면서 정리하고 싶은 욕구가 들기 때문입니다. 더 나아가 책을 통해 새롭게 정립된 나만의 생각을 글로 남겨놓고 싶은 마음이 들기도 합니다.

　때로는 자신의 생각을 글로 잘 풀어낸 타인의 글을 만나면 대리 만족과 함께 묘한 질투심이 생기기도 합니다. 이 사람은 어쩌면 이렇게 글을 잘 쓸까, 내 머릿속에 엉켜 있던 생각을 어떻게 이렇게 적절한 어휘와 문장을 사용하여 잘 나타낼까 하는 생각이 듭니다. 그리고 이내 부러움 섞인 질투와 함께 '말다툼' 뒤에 느꼈던 억울함과 비슷한 감정이 느껴집니다.

　그렇다면 그 글을 쓴 사람처럼 내 생각을 글로 표현하지 못하는 이유는 무엇일까요? 우선 안 쓰기 때문입니다. 쓰지 않으니 당연히 표현할 수가 없지요. 그다음은 쓰기는 하는데 생각처럼 표현이 잘 안되는 것도 하나의 이유입니다. 쓰고자 하는 마음도 있고 실제로 쓰기도 하지만 생각을 글로 명료하게 표현한다는 것은 결코 쉬운 일이 아니거든요.

　이것을 아이들 글쓰기에 적용해 보면 어떨까요? 글을 잘 쓰게 하려면 일단은 글로 표현하지 못하는 것이 얼마나 답답하고 억울한지, 그 마음을 느끼도록 해 주면 될 것입니다. 그러기 위해서는 우선 '쓰고 싶은 글'을 쓰게 해야 합니다. 별로 하고 싶은 말이 없는 주제의 쓸거리를 주면 지겨울 수밖에 없으니까요.

다음은 아이가 '글로 표현하지 못하면 억울하다는 것'을 느낄 수 있는 방법들입니다.

1. 엄마나 아빠에게 강하게 요구하는 것이 있을 때 글을 써 오라고 해 보세요. 아이는 간절히 원하는 것이므로 서툴더라도 최선을 다해 자신의 생각을 쓸 것입니다. 그러다가 자신의 마음이 잘 표현되지 않는 순간이 찾아오면 답답함을 느끼고 마음을 표현하려고 노력할 것이며, 그 과정에서 글쓰기 실력은 향상됩니다. 보통은 '스마트폰을 사 달라고' 하거나, '학원을 몇 개 쉬게 해 달라고' 하는 것에 강한 쓰기 욕구를 느낄 수도 있으나 아이마다 다르니 부모가 잘 관찰하여 스스로 생각하게 해 주는 것이 좋겠습니다.

다음은 학원 다니는 것을 무척 힘들어한 어느 아이가 쓴 글의 앞부분입니다.

나는 하루가 너무 힘들다. 요즘은 방학인데 더 힘들다. 11시부터 12시 30분까지 친구 집에 가서 6학년 수업 예습을 한다. 그 친구 엄마가 공짜로 봐 주신다고 해서 엄마가 힘들어도 가라고 했다. 그리고 점심 먹고 학원 숙제를 한다. 숙제만 계속 하다가 3시에 영어 학원에 간다.

4시 30분에 끝나면 또 영어 숙제를 하다가 6시 40분 쯤 저녁을 먹고 7시

30분에 태권도를 간다. 9시에 집에 오면 씻고 연산 숙제를 한다. 이런 날이 날마다 반복이다. 게다가 하루는 미술까지 있어서 더 힘들다. 수학 과외 하는 날도 있다.

　나는 정말 행복하지 않다. 엄마가 정말 힘들면 쉬라고 했지만 영어와 수학은 절대 안 된다고 했다. 차라리 논술을 끊으라고 했는데 논술은 내가 다니고 싶다고 했다. 그래서 영어를 쉬게 해 주었는데 딱 일주일뿐이었다.

　나는 학원에서 학원으로 옮길 때 죽고 싶다는 생각도 한다. 그래서 그 생각을 막으려고 게임을 한다. 하지만 엄마는 그것도 안 된다고 한다. 내가 가장 행복한 시간은 버스 안에서 게임하는 시간인데 행복이 다 앗아가지는 느낌이다. (하략)
　　　　　　　　　　　　　　　　　　　　　　　　　 — 5학년 김민정

　아이는 이 글을 쓸 때 평소보다 더 열중해서 쉬지 않고 써 내려갔습니다. 학원이 힘들다는 이야기를 제게 수도 없이 했었고 늘 얼굴에는 지친 기색이 역력했습니다. 학원 때문에 편의점 등에서 인스턴트 음식으로 끼니를 때우니 건강이 안 좋아지는 것도 염려되었지요. 이 글은 이날 읽은 책과 관련지어 '힘든 나의 삶'을 써 보자는 저의 제안으로 쓰게 된 글입니다. 부모님에게 '학원 줄여주기'를 강력히 요구하고 싶으니 이렇게 진솔한 글을 쓰게 됩니다.

　2. 아이가 화가 나 있거나 극도로 슬퍼할 때 그 감정을 글로 표현하도록 해 주세요. 글을 쓰다 보면 아이들은 내 감정의 실체를 전면으로 마주하

게 됩니다. 감정과 연관된 사건을 떠올리면서 상황을 조금 더 객관적으로 보게 되고 무엇보다 글을 쓰는 동안 마음의 평화를 찾게 됩니다. 이러한 경험을 하게 되면 힘든 순간 글로 마음을 달래는 법을 배울 것입니다. 글로 표현하지 못하는 것이 얼마나 억울하고 답답한 일인지도 알게 되어 글쓰기 '본능'을 느끼게 될지도 모릅니다.

다음 글 역시 한 아이가 속상한 마음을 쓴 것입니다.

> 엄마는 화를 내요. 소리도 질러요. 무서워서 도망가고 싶었어요. 나는 울었어요. 울다가 잤어요. 엄마가 계속 말하면 나도 화가 나요. 근데 화를 내면 혼나요. 나는 답답했어요. 답답하지만 참았어요. 하지만 힘들어요. 계속 짜증이 나요.
> — 1학년 이수연

아이가 엄마에게 혼날 때 억울한 마음이나 하고 싶은 말을 표현해야 하는데 그것이 말대꾸로 받아들여지는 것 같습니다. 그 일을 반복적으로 겪으면서 짜증이 나는 아이의 마음이 잘 표현된 글입니다. 이렇게 감정을 글에 쏟아내는 것만으로도 조금은 치유가 되고 위로도 받을 수 있습니다. 이런 글을 읽으면 저는 '정말 힘들었겠구나.' 하며 조금 더 위로를 해 줍니다.

3. 찬반 토론 후에 그것을 글로 작성하게 합니다. 거의 모든 아이들이 찬반 토론을 좋아합니다. 토론하다 보면 자신의 근거가 미약할 때 스

스로 한계를 느끼고 책을 더 찾아 읽는 좋은 효과도 생기지요. 찬반 토론을 어렵게 생각하지 않길 바랍니다. 가정에서도 우리는 늘 찬반 토론을 하고 있습니다. 저녁 외식을 어떤 곳에 가서 할까 이야기를 나누다 가족끼리 의견이 갈려 대화를 나누었다면 그것도 찬반 토론의 일부이자 시작입니다. 그날은 그 일을 글감으로 일기를 쓴다면 아이 글이 한층 풍부해질 것입니다.

다음 글도 읽어보겠습니다.

> 욕을 하면 절대 안 된다. 우리 반에 정말 욕을 잘 하는 김성연이라는 남자아이가 있다. 그 아이는 입만 열면 욕을 한다. 지나가다가 들어도 정말 불쾌한 욕을 한다. 다른 아이들도 욕을 하지만 그 아이는 목소리가 커서 그런지 더 기분 나쁘게 들린다. 어제도 정경이한테 모욕적인 욕을 했다. 특별히 잘못한 것도 없는 아이한테 자기가 기분 나쁘면 욕을 하니까 정말 듣기가 거북하다. 정말 욕이 사라졌으면 좋겠다. 욕을 하지 말아야 한다.   — 4학년 최정우

욕을 하지 말아야 한다는 주장으로 글을 썼습니다. 이 아이 또한 욕을 하는 아이 때문에 화가 나거나 불쾌했던 경험이 있기 때문에 이런 글을 쓸 수 있었을 거예요. 이런 마음도 글로 써야 답답함과 억울함이 좀 풀리지 않을까요?

이런 글쓰기 연습은
이제 그만

아이가 왜 글을 못 쓰는지 염려하는 엄마들은 자연스럽게 시중의 글쓰기 교재를 찾습니다. 워크북 형태로 나온 초등 글쓰기 교재들도 꽤 있습니다. 종류에 따라 다르기는 하지만 일부 교재는 아무리 해 보아도 글쓰기 실력이 좀처럼 향상되지 않습니다. 이유가 무엇일까요?

먼저 구체적인 예시를 들어보려고 합니다.

1. 다음의 빈 칸을 채워보세요.

꽃이 (   ) 피었다.

2. 원인과 결과를 생각하여 다음 문장의 원인을 써 보세요.

(   ) 배가 아팠다.

3. 의견에 대한 이유를 써 보세요.

수학여행을 경주로 갔으면 좋겠다. 왜냐하면 (   ).

4. 다음 문장을 더 자세히 써 보세요.

[예시] 사과를 땄습니다. ···▶ 할머니 댁에 가서 맛있는 사과를 바구니
한 가득 즐겁게 땄습니다.

소풍을 갔습니다. ···▶

5. 다음 문장의 다음 이야기를 이어 보세요.

어제 우리 집에서 소동이 일어났습니다.

대체로 위와 같은 형태의 문제들입니다. 위 문제들은 국어 쓰기 영역
에서 등장하는 유형의 문제이기도 합니다. 이런 문제들 자체가 잘못되었
다는 것은 아닙니다. 이런 문제만 반복해서 풀면서 글쓰기 실력이 늘기를
기대해서는 안 된다는 뜻이에요.

글쓰기는 사고의 흐름을 문자로 표현하는 것입니다. 나의 머릿속에 떠
오른 생각이나 경험을 기승전결의 구조로 종이에 뿌려놓는 것, 그것이 글
쓰기의 전부인 것이지요. 그렇다면 내 생각을 완성도 있는 형태의 글로

서술해나가는 연습이 필요할 것입니다.

그런데 위 문제들은 글쓰기에서 가장 중요한 '생각의 흐름을 서술하는 연습'을 할 수 있는 문제가 아닙니다. 아니, 글쓰기를 하는 데 있어서 '문제 자체'가 필요하지 않습니다. 문제화된 것은 글을 끌어가는 힘을 키워주는 것이 아니라 주로 어휘나 표현, 한 문장 쓰기 정도를 연습하도록 하니까요.

더 자세히 살펴볼까요?

글쓰기는 표현이 전부가 아닌데 1번의 경우 의성어/의태어에만 집중하게 합니다. 2번도 원인과 결과에 대해 배울 때 등장하는 문제인데 저런 형태의 글쓰기를 많이 할 필요는 없습니다. 단지 원인과 결과를 끼워 맞추기식의 문제이기 때문입니다. 3번은 '경주로 수학여행을 갔으면 좋겠다.'가 자신이 주장이 아님에도 불구하고 자신의 주장인 것처럼 근거를 들어야 하니 진정성도 없을뿐더러 억지로 생각해야 한다는 문제가 있습니다. 4번 또한 지나치게 표현에만 집중해서 억지로 문장을 늘리는 무의미한 연습이 됩니다. 5번은 첫 문장으로 하여금 나의 진짜 경험이 떠오른다면 어느 정도의 의미는 있을지 모르나 대체로는 지어내게 되므로 역시 의미가 없습니다.

시중 교재는 위와 같은 문제들부터 시작해서 조금씩 긴 글을 쓰게끔 되어 있는 경우가 많습니다. 일부 온라인 초등 학습 사이트의 '초등 글쓰기' 또는 '초등 논술'이라는 카테고리 안에 묶인 자료도 대체로 저러합니다. 위와 같은 연습 문제로 가득 찬 책이 '초등 논술'이라는 이름을 달고 있는 것을 발견할 때 저는 참 슬픕니다. 심지어 일부 논술 학원에서도 수 많은 아이들이 '체계적인 글쓰기'라는 그럴듯한 이름 하에 저런 형태의 문제가 가득한 문제집을 글쓰기 기본 교재로 하여 아이들을 가르치고 있다는 사실에 마음이 아플 따름입니다.

저런 문제만 반복해서 푼 아이는 거의 글쓰기를 싫어하게 됩니다. 위에서 말했듯이 내 생각, 내 경험을 담은 것이 아니라 표현 연습이나 단문 쓰기에만 집중하여 글을 지어내게 하기 때문에 '글쓰기는 어렵다'거나 '글쓰기는 지루한 것', '글쓰기는 맞고 틀리는 공부'라는 생각을 갖게 할 우려가 큽니다.

만약 아이가 글을 쓰는 데에 있어서 특정한 부분에서 계속 부족함을 보인다면 그럴 때 문제를 적절히 활용하는 것은 도움이 될 수 있습니다. 그러나 그런 경우가 아니라면, 글은 단 세 줄, 다섯 줄이라고 해도 처음부터 끝까지 자기 생각과 경험을 표현하는 연습을 많이 하는 것이 좋습니다. 그럼 표현력과 문장력은 좋아지게 되어 있습니다. 물론 책 읽기가 기반이 되어야겠지요. 앞에서와 같은 형태의 글쓰기는 마늘 까는 법, 파 써는 법 등 각각의 재료를 다듬는 법만 알려주고 정작 요리하는 법은 알려주지 않는 것과도 같다는 것을 꼭 명심하시기 바랍니다.

글쓰기를 할 수 있다는 건
건강하다는 증거

어느 날 조카가 '연설문 대회'에 나간다며 연설문 쓰기를 도와달라고 찾아왔습니다. 잘 쓸 수 있을지 걱정하면서도 쓰고자 하는 열정을 보였습니다. 조카가 쓰려고 하는 주제는 동물 보호였는데, 그중에서도 개 식용 문제에 대해 쓰고 싶다고 했습니다. 주제와 글의 초안을 잡아오라고 했더니 기특하게도 여기저기에서 자료를 찾아서 초안도 잡아왔습니다.

저 역시 동물 보호에 관심이 많은 터라 마음이 통하는 부분이 있어서인지 생각보다 빨리 진행되었습니다. 무엇보다 조카가 동물 보호에 대해 강연을 하듯이 끊임없이 이야기를 쏟아냈습니다. 하고 싶은 말을 충분히 이해할 수 있었지요. 제가 한 일은 지나치게 상투적인 표현이나, 감정적인 표현을 고쳐 주는 일, 어색한 접속사를 바꾸어 글을 매끄럽게 다듬어 주는 일, 나만 이해하는 글이 아니라 연설문의 내용을 듣게 될 이들과 소통하는 글이 되도록 문장을 다듬어 주는 일 정도였습니다. 읽어 보면서 정해진 시간에 맞는 분량인지도 확인했습니다. 자기가 하고 싶은 말이어선지 읽는 표정도, 말투도 당당한 조카의 모습이 보기 좋았습니다. 글을 완성하고 너무도 후련해하면서 가는 모습을 보니 저 또한 뿌듯했지요.

조카는 사실 마음이 좀 아팠습니다. 어릴 때 여러 사람의 손을 타며 자랐고 부모님이 바빠 혼자 있을 때가 많았지요. 여느 아이들처럼 학원을 전전해야 했고, 언젠가부터는 불안하고 우울해하면서 학교생활에도 적응하기 힘들어했습니다.

힘든 시간을 오래 보내고 난 후 조카는 다시 활력을 보이기 시작했습니다. 그러던 차에 모처럼 의욕을 보이며 연설문을 쓴다는 아이를 두고 모른 체할 수가 없었어요. 그렇게 조카와 대화를 나누고 글을 수정하고 완성해가는 동안 제가 본 것은 글 뿐만이 아니었습니다. 조금 더 나아지고, 조금 더 건강해진 아이의 마음이었습니다.

마음이 건강하지 못하면 글을 쓰지 못합니다. 하고 싶은 말이 있어도 삼키게 됩니다. 할 의욕도 의지도 없을 테니까요. 관심 있는 것이 있어도 묻어두게 되는 것은 물론입니다. 세상이 나와는 상관없이 돌아간다고 생각하기에 설령 글을 쓴다고 해도 내가 쓴 글의 의미를 깨닫지 못하고는 합니다.

요즘 사람들은 거의 날마다 SNS에 글을 쓰곤 하지만 남에게 보이기 위한 가짜 글을 쓰는 경우도 있습니다. 정말 마음을 들여다보는 진솔한 글쓰기를 하는 사람은 많지 않아 보입니다. 본래 남을 의식할 수밖에 없는 SNS 글쓰기이기에 일정 부분 어쩔 수 없는 현상일지도 모르겠습니다. 하지만 때로는 '나 괜찮다, 나 잘 산다.'라는 표현으로 가득한 SNS를 보면 오히려 더 마음이 외로운 사람이 아닐까 하는 생각이 들기도 합니다.

우리 아이가 쓰는 글을 숙제로만 치부하지 마셨으면 합니다. 입시를 위해, 학교 성적을 위해, 때로는 상장을 위해 글을 쓰도록 하지 말아주세요. 어느 정도 동기 부여가 될지는 모르겠지만 장기적으로 보면 오히려 역효과가 날 수도 있습니다.

건강하기 때문에 쓸 수 있다는 사실에 집중하면 내 아이의 모든 글이 사랑스러워 보입니다. 아이 글을 사랑하는 것도 아이를 사랑하는 하나의 방법이 아닐까요.

더불어 아이들이 하고 싶은 말을 세상에 글로 남길 수 있도록 건강한 아이로 키우는 것이 우선이 아닐까 합니다. 마음이 건강한 아이로 자라도록 아이 삶을 보살펴 주는 것이 글쓰기보다 우선이 되어야 합니다. 마음이 건강하지 못한데, 일기와 독서록을 해결해야 한다는 이유로 논술 학원에 보낸다면 아이는 더 힘들어질지도 모릅니다. 우선 삶이 행복한 아이가 되게 해 주세요. 그런 아이만이 글을 쓸 수 있으며 글을 쓰며 더 건강해질 수 있으니까요.

우리 아이 글쓰기
상처 보듬기

사람은 본래 이야기를 좋아합니다. 어릴 적 누군가 들려주는 이야기에 푹 빠져 들어본 경험이 있을 것입니다. 드라마가 끝나는 순간 아쉬워하며 다음 주를 손꼽아 기다리기도 하고, 한 편의 감동적인 영화가 오래 가슴에 남아 있기도 하지요. 남 이야기하기를 좋아하는 것도 이야기를 좋아하는 인간의 본능 때문이기도 합니다.

글쓰기도 마찬가지입니다. 혹시 아이가 처음 글자를 배우고 나서의 1~2년간을 기억하시나요? 글자를 배웠다는 것은 자신을 표현할 수 있는 또 한 가지 수단이 생겼다는 것이며 이것은 인간에게 큰 기쁨을 줍니다. 그래서 아이들이 삐뚤삐뚤한 글씨로 엄마, 아빠를 반복해서 쓰다가 어느새 '사랑해요.'를 쓰기도 하고 조금 더 많은 내용을 담아 자기가 좋아하는 사람에게 편지를 써서 주고는 합니다.

그 순간 아이들은 큰 기쁨을 느낍니다. 자신이 하고 싶은 말이 종이 위에 문자로 표현되는 것을 보며 일차적인 환희를 느끼고요, 그것을 받아든 사람이 읽으면서 웃거나 감동 받는 것을 보고 이차적 환희를 느낍니다.

그런데 거의 모든 아이가 겪는 이런 기쁨이 안타깝게도 어느 순간부터 대부분 사라집니다. 그 계기가 되는 것이 반복되는 글쓰기 상처 때문인데요. 글자를 배우고, 단어를 쓰고, 문장을 쓰고, 문장이 모인 글을 쓰면서 끊임없이 듣는 부정적인 말들이 글쓰기 상처를 키웁니다. 대체로 아래와 같은 말들입니다.

1. 글씨 똑바로 써!
2. 글자 또 틀렸잖아.(중간에 지우게 하는 경우)
3. 10줄 이상 꼭 써야 해.(분량을 정해주는 경우)
4. 제대로 안 쓰면 다시 쓸 거야.
5. 일기 다 쓰면 게임하게 해 줄게.

위 내용 중에서 바로 이해가 되는 것도 있겠지만 왜 저 말이 글쓰기 상처를 키우는지 의아해한 것들도 있을 거예요. 이를 천천히 설명해 보려고 합니다.

1. 글씨 똑바로 써!
2. 글자 또 틀렸잖아.(중간에 지우게 하는 경우)

우선 바른 글씨가 글쓰기의 기본인 것은 사실입니다. 하지만 낱말이나 단문이 아니라 비교적 긴 글을 쓸 때는 자신이 생각한 것을 글에 담는 데 집중하느라 평소보다 못 쓰는 경우가 있습니다. 집중해서 글을 쓰다 보면 안 틀리던 맞춤법도 틀리곤 합니다. 내용을 서술하는 데 집중하다 보면 맞춤법과 글씨에 들이는 공이 적어질 수밖에 없거든요. 저 또한 순간의 집중력을 발휘해 써 놓은 글을 나중에 다시 읽다가 어처구니없는 맞춤법 실수를 보고 놀랄 때가 종종 있습니다.

그렇다고 글씨가 엉망이거나 맞춤법이 많이 틀렸는데 그냥 방관하라는 뜻은 아닙니다. 다 쓴 후에 고쳐도 늦지 않습니다. 글쓰기에 집중할 때는 빨리 쓰느라 글씨체가 좀 흐트러져도 어느 정도는 수용해야 한다는 것입니다. 혹시 어떤 사실이나 정보를 잊지 않기 위하여 급하게 메모를 하는 순간 글씨체가 흐트러지는 경험을 한 적이 있으신지요? 그 경험을 떠올리면 아이가 글을 쓸 때 글씨가 엉망인 이유를 조금은 이해할 수 있을 것입니다. 글 내용에 집중하면서 글씨체도 바르게 쓰기 위해서는 어느 정도 손의 힘과 집중력이 요구되므로 쉬운 일이 아니라는 것을 이해하고 천천히 기다려주시길 바랍니다.

3. 10줄 이상 꼭 써야 해.(분량을 정해주는 경우)

글 분량을 미리 정해주는 것 또한 아이들이 글쓰기 상처를 갖게 되는 요인 중 한 가지입니다. 일부 학부모들은 아이가 쓴 글이 길면 내용과 상관없이 일단 잘 쓴 글이라고 판단하기도 하는데, 길다고 무조건 좋은 글도, 짧다고 무조건 나쁜 글도 아닙니다. 일반적인 학년 수준보다 많이 쓴 글은 잘 읽어 보면 오히려 중언부언인 경우가 많습니다. 반대로 짧아도 명쾌하고 읽는 맛이 있는 글이 있습니다.

글의 길이를 미리 정해주면 오히려 자기 생각을 표현하는 데 어려움이 생기기도 합니다. 누군가 나에게 20줄 이상의 수필을 쓰라는 요구를 한다면 가장 먼저 갖게 되는 생각이 무엇일까요? '어떤 내용을 써야 할까?' 라는 기본에 집중하기보다 '어떻게 20줄을 채울까?' 라는 엉뚱한 걱정이 생겨서 글을 쓰기 힘들 것입니다. 아이들의 입장도 마찬가지입니다.

간혹 아이가 항상 한두 줄로만 일기를 써서 어쩔 수 없이 다섯 줄 이상, 열 줄 이상 등의 조건을 두시는 경우도 있습니다. 그럴 때는 분량을 정해줄 것이 아니라 그 정도 분량의 내용을 쓰도록 옆에서 지도해주셔야 합니다.

4. 제대로 안 쓰면 다시 쓸 거야.

혹시 글을 한 편 쓴 후에 바로 퇴고를 해 본 적이 있으신가요? 얼마나 힘든 일인지를 안다면 아이가 써 놓은 글의 일부가 이상하다고 하여 그 자리에서 다 고치게 하는 실수를 하지는 않을 것입니다. 만약 그 자리에서 다시 쓰게 한다면 당장 그 글의 완성도는 높아질 수도 있습니다. 하지만 아이는 글쓰기 상처가 생길 것이고 글쓰기가 지겹다는 인식이 생겨 더 싫어하게 될 것입니다.

5. 일기 다 쓰면 게임하게 해 줄게.

일기나 독서록을 다 써야 무언가를 보상해 준다고 말하는 것 또한 위험합니다. 일기를 다 쓰면 게임을 하게 해 준다고 말하는 것은 은연중에 '일기는 지겨운 것, 게임은 재미있는 것'이라는 공식을 갖게 하니까요. 글쓰기는 힘든 일이지만 지겨운 일이 되어서는 안 됩니다. 힘든 것을 인정하고 그에 따른 적절한 위로는 필요하지만, '지겹다'는 인식을 심어줄 수 있는 보상이나 말은 조심해야 합니다.

아이들을 보면 대체로 1, 2학년 때 글쓰기가 이미 지겨워지는 경우가 많습니다. 한글을 배우고 난 후 아이 혼자 바로 책을 읽도록 하는 것이 욕심이듯이 글쓰기도 그렇습니다. 글자 쓰기를 배웠다고 '글쓰기'가 가능할 수는 없습니다. 아직 자모음 이름이나 받침이 헷갈리는 시기에 문장을 쓰고, 한 문단을 쓰도록 하다 보면 부모 자신도 모르는 사이에 글쓰기 상처를 갖게 하는 언행을 하게 됩니다.

이런 상처는 생각보다 오래갑니다. 초등시기 내내 이어지기도 하고 심지어 성인이 되고 난 후에도 글쓰기 공포를 느끼게 하는 요인이기도 합니다. 혹시 지금 글쓰기가 두려우신가요? 어렵거나 지겨운 생각이 드시나요? 그렇다면 글쓰기에 대해 그런 감정을 갖게 되신 이유를 잘 떠올려 보세요.

내가 겪은 글쓰기에 대한 부정적 피드백, 혹은 글쓰기 상처를 아이에게 고스란히 물려주고 있다면, 일단 멈추고 다시 생각해 보아야 합니다.

초등 글쓰기 상식, 바로 잡기

초등 글쓰기 지도, 모든 상식을 버릴 것
일단 끝까지 쓰는 것, 초등 글쓰기의 전부
듣기, 말하기, 읽기, 쓰기가 균형을 이루어야 글도 잘 쓴다
책상 앞에 앉으니까 글을 못 쓴다
초등 책읽기와 쓰기의 상관 관계
초등 아이들의 글이 산만해 보이는 이유
갈래 글쓰기 지도의 압박에서 벗어날 것
쓰지 말아야 할 글은 없다

초등 글쓰기 지도,
모든 상식을 버릴 것

1. 처음과 끝은 과감히 버릴 것

하나의 글을 처음 / 가운데 / 끝으로 나눈다고 했을 때 쓰기 어려운 부분은 어디일까요? 바로 처음과 끝입니다. 독자의 관심을 끌어야 하는 '처음', 가운데 부분을 더 빛나게 해야 하는 '끝부분' 쓰기는 글쓰기에 어느 정도 능숙해져야 가능하기 때문입니다.

글쓰기를 어려워하는 성인 중 일부도 처음과 끝에 대한 압박이 있습니다. 특히 글의 시작인 처음 부분을 어려워하는 경우가 많은데요. 첫 문장부터 너무 잘 쓰려고 하기도 하고, 첫 문단의 완성도를 높이려고 지나치게 애를 쓰기도 합니다.

그런데 처음 부분부터 너무 잘 쓰려고 하면 내가 하려던 말이 날아가 버립니다. 그래서 글을 완성하기가 힘들어지지요. 처음 부분에만 너무 공을 들이니 뒤로 갈수록 글의 힘이 빠지기도 합니다. 그 과정을 반복해서 겪으면 글쓰기 자신감이 떨어지는 것은 시간문제입니다.

아이들도 마찬가지입니다. 글을 쓰려고 종이를 물끄러미 바라보다가 "처음에 어떻게 써요?"라고 질문하는 경우가 종종 있어요. 글의 시작부터 완성도 높게 써야 한다는 무의식적 압박이 있어서 하는 질문입니다. 어디선가 글은 '처음-가운데-끝'의 구성으로 이루어져 있다는 것을 배웠기 때문이기도 하지요. 물론 정말 첫 문장 시작을 어떻게 해야 하는지 몰라 물어보는 경우도 있습니다.

첫 문장과 첫 문단에 두려움이 있다면 글쓰기가 익숙해지기 전까지는 처음과 끝을 과감히 버리고 가운데 부분, 즉 정말 하고 싶은 말이 담긴 본론만 쓰게 해도 됩니다. 아이들이 쓰는 여러 가지 글 중에서도 독후감이 더욱 그렇습니다. 흔히 아이들은 독후감 첫 문단에 '읽게 된 동기'를 써야 한다고 생각하는데, 그렇게 쓰는 순간 글은 밋밋해지고 그 밋밋함이 중간 부분은 물론 글 전체에 영향을 줍니다.

글 전체의 완성도가 떨어져도 좋습니다. 우선은 본론의 이야기를 풀어내는 것이 중요합니다. 책을 읽고 하고 싶은 말이나 감상을 글의 어느 부분에 들어가야 할 내용인지 신경 쓰지 말고 어떤 문장으로든 써야 합니다. 그것이 익숙해졌을 때 글의 처음과 끝을 쓰는 연습, 덧붙이는 연습을 해도 충분합니다.

2. 개요 짜기는 글쓰기가 익숙해진 후부터

우리가 흔히 알고 있는 글쓰기 이론은 초등학생을 지도할 때에는 완전히 버려도 무방합니다. 그 이론을 그대로 적용하기 때문에 지도하는 이는 이론만을 설명하고 쓰는 아이는 괴로워하는 일들이 생각보다 많이 벌어지거든요.

그중 한 가지가 글을 쓰기 전에 개요를 짜야 한다는 상식입니다. 집을 짓기 전 뼈대를 세우는 것으로 흔히 비유되는 글쓰기의 개요 짜기는 당연히 필요한 절차입니다. 하지만 개요를 짠다는 것은 내가 어떤 주제의 글을 쓸 것인지, 어떤 방식으로 끌어갈 것인지 미리 안다는 것이기도 합니다. 이는 글을 많이 써 본 능숙한 필자에게는 가능하지만 아이들은 그렇지 않습니다.

물론 아이들도 그것을 알고 쓸 수는 있습니다. 하지만 대부분의 아이들은 아직 글을 조직하는 능력이 부족하여 자신의 글이 어떤 방향으로 나갈지 모르는 채로 씁니다. 보통은 큰 주제만 생각하고 쓰기 시작하는 경우가 많지요. 쓰는 과정에서 내용이 구체화되고, 쓰면서 정리가 되기도 합니다.

이 과정을 무수히 반복한 후에 개요 짜기를 배우는 것이 좋습니다. 글을 처음부터 끝까지 완성해 보는 경험이 많아야 개요 짜기의 필요성을 알게 되기도 합니다. 글쓰기가 익숙하지 않은 대부분의 아이에게 교과서와도 같은 글쓰기 방식을 먼저 안내해 주는 것이 오히려 글쓰기를 어렵게 하는 요인 중 한 가지임을 꼭 기억해 주세요.

3. 제목은 나중에

글 제목은 언제 써야 할까요? 흔히들 당연히 처음에 써야 한다고 생각합니다. 글을 써야 하는 아이도 쓰기 전에 "제목은 어떻게 써요?"라고 질문을 할 때가 있는데요. 자신의 글이 어떻게 나올지 모르기 때문에 하는 질문입니다. 다 쓰고 난 뒤에 같은 질문을 하는 것은 자기 글에 어울리는 제목을 짓지 못하기 때문에 하는 것이라 그 의미가 다릅니다.

이럴 때 아이들에게 뭐라고 말해주어야 할까요? "네 글이니까 네가 알지 않겠니?"라는 실수는 하지 않기를 바랍니다. 그럴 때는 그냥 "일단 쓰려는 말을 써 봐."라고 해야 합니다. 아이 스스로 자신의 글이 어떻게 완성될지 모르는 상태에서 제목 짓기는 무의미합니다.

물론 처음에 제목을 쓰고 글을 써나가는 아이도 있습니다만 아이들을 관찰하다 보면 재미있는 사실을 발견할 수 있습니다. 글을 써 나가는 중에 제목을 지우고 다시 쓰는 아이를 보게 되는데, 한 번만 고치는 아이도 있지만 서너 번씩 고치는 아이도 있습니다. 자신도 글이 어떻게 전개될지 모르기 때문에 한 문단씩 더해질 때마다 거기까지의 내용에 어울리는 제목을 붙이는 것이지요. 이는 앞서 말씀드린 개요 짜기를 미리 하지 않아도 되는 이유와도 비슷합니다. 개요 짜기도, 제목 미리 짓기도 온전한 글을 완성해 본 경험이 많은 사람에게 해당하는 이야기입니다. 쓸거리를 찾고 그것을 어떻게 써나갈지 미리 구상할 수 있는 능력이 있다면 먼저 해야 하지만, 일단은 손이 가는 대로 쓰면서 그것이 바로 '글'이고 그 행위가 '글쓰기'임을 배워가는 초등 아이들에게는 불필요할 수도 있습니다.

이해를 돕고자 설명을 덧붙이겠습니다.

어떤 아이가 '소풍'이라는 제목으로 글을 쓰려고 했습니다. 떠오른 글감과 나름대로 생각한 내용이 있기 때문에 글을 쓰기 시작했겠지요. 그런데 쓰다 보니 소풍을 가서 만난 강아지와 놀았던 이야기가 주를 이루는 글이 되었습니다. 그래서 아이는 '오늘 만난 강아지'라고 제목을 바꾸었습니다.

이는 초등 아이들이 글을 쓸 때 자주 보게 되는 모습이에요. 이처럼 자신의 연필이 무엇을 표현할지 모르는 상태로 글을 쓰다 보면 어느 순간부터는 글을 써나가는 자신만의 방식을 스스로 깨우치게 됩니다. 더불어 글이 대체로 어떤 구조로 흘러가는지 자연스럽게 알게 되기 때문에 개요 짜기도 가능해집니다. 개요를 짤 수 있다는 것은 아직 문자로 표현되지 않았을 뿐 글의 내용이 머릿속에 다 있다는 것이므로 제목 또한 미리 지을 수 있고 중간에 고치는 일도 없을 거예요.

초등 아이들의 글쓰기 지도 방식은 완전히 새롭게 창조되어야 합니다. 어른들이 만들어 놓은 틀 안에서 흔히 아는 글쓰기 이론에 맞추어 지도하기 때문에 아이들이 글쓰기는 무언가 특별한 것, 정해진 방식이 있는 것이라 생각하고 어려워합니다. '안 배웠는데 어떻게 써요?'라는 아이가 있다면 아마도 그렇게 인식하고 있는 것이겠지요.

하지만 안 배워도 할 수 있는 것이 바로 글쓰기입니다. 책읽기 또한 마찬가지지요. 읽다 보면 저절로 쓰게 되고, 쓰다 보면 그것이 곧 일기가 되고 편지가 된다는 것을 아이들 스스로 깨우치게 돕는 것. 이것이 초등 글쓰기 지도의 기반이자 기본이 되어야 합니다.

일단 끝까지 쓰는 것,
초등 글쓰기의 전부

책을 읽거나 무언가를 하다가 갑자기 쓸거리가 떠오르면 저는 바로 PC 앞으로 와서 글을 씁니다. 덕분에 PC는 하루 종일 켜져 있을 때가 많지요. 아이들과 수업하는 중만 아니라면 밥을 먹다가도, 자려고 누웠다가도 벌떡 일어나서 글을 쓰고는 합니다.

그렇게 하는 이유는 바로 쓰지 않으면 쓰려고 하는 내용이 다 날아가 버릴까 염려가 되기 때문입니다. 생각은 날개가 있어서 마음에 들어왔다가도 금방 훠이훠이 날아가기 십상인데요. 심지어 글을 쓰다가도 뒷부분에 쓰려고 했던 내용이 날아가 버릴 때가 종종 있습니다. 그래서 저는 생각의 흐름을 놓치지 않기 위해 글자가 틀리거나 비문이 되는 것에 아랑곳하지 않고 일단은 생각을 마구 써 내려갑니다. 띄어쓰기와 맞춤법, 비문은 나중에 고쳐도 충분하기 때문에 일단은 생각이 날아가지 않도록 문자로 옮기는 작업에만 열중합니다. 전화가 와도 받지 않고, 배에서 꼬르륵 소리가 들려도 참습니다. 민망한 이야기지만 화장실 신호가 와도 최대한 참고 자리에 앉아 글을 씁니다.

아이들과 글 쓰는 시간, 늘 비슷한 아이들의 목소리가 들려옵니다.

"선생님, 이 글자 어떻게 써요?", "선생님, 그 뜻을 나타내는 낱말을 뭐라고 해요?", "선생님, 연필이 닳아가고 있어요. 새 연필 주시면 안 돼요?" 등 글을 쓰다가 궁금한 것에 대한 질문이나 요구 사항들입니다.

저는 그럴 때 아이들이 글쓰기의 흐름을 놓치지 않도록 애를 씁니다. 글자가 틀릴 것을 걱정하는 아이에게는 틀려도 괜찮으니까 일단은 쓰라고 합니다. 생각을 표현하고 싶은데 적절한 낱말이 떠오르지 않아 질문하는 아이에게는 아이 이야기를 귀담아듣고는 아이가 원했을 법한 낱말을 재빨리 골라 몇 가지 제시해 줍니다. 연필이 뭉툭해졌다고 하면 미리 깎아 준비해둔 연필을 바로 쥐여주기도 합니다.

그런데 반대의 경우라면 어떻게 될까요? 글자를 물어보는 아이에게 '지난번에 알려주었는데 또 잊었니.'라거나 적절한 낱말을 묻는 친구에게 '그 단어도 몰라?'라고 하거나 연필이 뭉툭하다고 하는 아이에게 '그러니까 미리 여러 개 준비해야지. 너 스스로 깎으렴!'이라고 한다면 아이는 분명 쓰고자 하는 흐름을 놓치고 말 것입니다.

실제로 글을 쓰다가 옆 친구의 잡담으로 쓰려고 했던 내용을 잊었다면서 탄식을 내지르는 아이들이 있습니다. 또한 맞춤법에 지나치게 신경 쓰느라 글의 흐름이 부드럽지 못하고 자꾸 끊기는 아이도 있습니다. 그

밖에 글쓰기를 방해하는 여러 이유들로 생각을 단번에 쓰지 못하고 글이 뒤로 갈수록 힘이 없어지는 경우를 글쓰기 지도 현장에서 종종 보곤 합니다.

초등 글쓰기에서 가장 중요한 것은 무엇일까요? 일필휘지(一筆揮之)라는 말이 있습니다. 쓸거리를 떠올려서 내용을 구상했다면 일단은 무조건 종이에 써 내려가야 합니다. 위에서 말한 내용들을 고치는 것은 다 쓴 뒤에 해도 충분하며 또 그래야 합니다.

글쓰기를 어려워하는 사람들의 공통된 이유가 있습니다. 생각을 정돈하여 치밀한 구성으로 이어나가기를 힘들어한다는 점입니다. 한 문장을 못 쓰거나 한 문단을 못 쓰는 경우는 많지 않습니다. 대체로 그 정도는 쓰지만 자신이 생각한 것을 흐름에 따라 정리하여 '완결'된 구조로 쓰기를 어려워합니다.

초등 아이들 또한 마찬가지입니다. 쓸거리를 정하고 생각을 마련하고 어떤 순서로 어떻게 쓸지 대략 구성까지 마쳤는데도 글을 이어나가지 못하는 아이들이 종종 있습니다. 자기가 생각한 것을 놓치지 않고 쭉 써 내려가는 연습이 많이 부족하여 자꾸만 생각의 흐름을 놓치는 것이지요. 방해 요소가 있지 않아도 생각을 단숨에 풀어내는 것이 쉽지 않은데, 위에서 말한 방해 요소들이 있다면 글을 완성하지 못하는 것은 당연한 일입니다.

따라서 초등학생이든 성인이든 일단 내가 쓰려고 하는 주제의 글을 처음부터 끝까지 쭉 써서 글을 완성하는 연습을 많이 해야 합니다. 그 과정에서 염려되는 모든 요소들은 과감히 잊으시거나 지나치셔도 됩니다. 표현이 다소 어색해도 괜찮습니다. 비문이 있어도 됩니다. 맞춤법, 띄어쓰기가 틀려도 좋습니다. 생각을 완성된 형태의 글로 만드는 연습이 초등 글쓰기의 전부이자 글쓰기의 전부니까요.

혹 '끝까지 쓰는' 연습을 얼마나 해야 하는지 궁금하실 거예요. 적어도 초등 4학년까지는 이 연습이 우선되어야 합니다. 어느 정도 글의 완성도가 있어야 세부적인 내용도 보이고 고치게 된답니다. 생각을 말로 표현하는 것이 중요하듯이 생각을 완결된 글의 형태로 정리하도록 도와주세요.

듣기, 말하기, 읽기, 쓰기가
균형을 이루어야 글도 잘 쓴다

사람은 태어나자마자 듣습니다. 아니, 뱃속에서도 듣는다고 하지요. 그러다 어느 순간 말을 하게 됩니다. 글자를 배운 뒤에는 읽습니다. 그다음에는 글을 쓰게 됩니다. 아이가 태어나면 발단 단계에 따라 순차적으로 진행되는 일입니다. 네 가지를 모두 할 수 있게 되면 이제 이 모든 것은 서로 상호보완하며 작용합니다. 국어에서 배우는 기본 영역이 듣기, 말하기, 읽기, 쓰기로 나뉘어 있는 것만 보아도 모두 함께 잘 이루어져야 의사소통이 원활하다는 것을 알 수 있습니다.

그런데 현재 교육방식은 네 가지가 서로 균형을 이루며 발전하기에는 부족함이 있습니다. 기관마다 상황마다 조금씩 다르기는 하지만 전체적으로 본다면 우리 교육은 듣기에 치중하는 편입니다. 더 정확히 말하면 듣기 교육을 잘하는 것이 아니라 '듣는' 위주의 수업이 이루어진다는 뜻입니다.

학교에서도 아직은 듣기 중심의 수업을 합니다. 아이들은 모두 앞을 보고 앉아 선생님 말씀을 들어야 합니다. 엄마들도 아직은 '선생님 말씀 잘 듣고 오라.'며 이야기하는 경우가 많지요. 학교를 마치면 학원에 갑니다. 학원에서도 듣는 수업을 하는 경우가 많습니다. 학교도, 학원도 조금씩 변화하고 있기는 하지만 아직까지 대체로 그렇습니다.

이렇게 여전히 듣는 수업이 주를 이루는 이유는 무엇일까요? 무엇인가를 배우려면 일단 누군가의 말을 듣고 그것을 그대로 흡수해야 한다고 생각하기 때문은 아닐까요. 아이들이 자신보다 많이 아는 사람의 이야기를 듣고, 문제집을 풀어 실력을 확인하는 과정의 반복이 '공부'라고 생각하는 경우가 많기 때문은 아닐까 생각해 봅니다. 듣기, 말하기, 읽기, 쓰기 네 가지 영역을 기준으로 말하고 있기에 우리 교육이 듣는 수업 중심이라고 했지만 더 정확히 말하면 잘 듣는 교육을 하는 것이 아니라 듣는 활동을 많이 하기에 문제가 됩니다.

혹시 두세 시간 정도 앉아서 강의를 들어보신 적이 있으신가요? 강의가 아무리 재미있다고 해도 두세 시간을 내리 들으면 지치고 힘들기 마련입니다. 그래서 어느 순간부터는 잘 들리지 않게 됩니다. 집중도가 떨어지고 잡념이 생기기 시작하지요. 저 또한 종종 강의를 들으러 다니지만 1~2시간만 지나도 집중하지 못하고 스마트폰을 조작하거나 다른 생각을 하는 성인들을 적지 않게 보곤 합니다. 그런데 우리 아이들은 학교에서도 내내 앉아서 듣고, 학원에 가서도 내내 듣고 있습니다. 이런 상황에서 과연 잘 들을 수 있을까요? 요즘 아이들이 집중력이 짧다는 말을 자주 하고는 하지만 이런 교육 현실에서 잘 듣는 것이 더 이상하지 않은가요?

읽기 교육 또한 이루어지지 않는 것은 아닙니다. 다만 읽기의 중요성이 점점 부각되다 보니 오히려 너무 어릴 때부터 과도한 읽기 교육, 독서 교육을 해서 글을 읽어도 내용은 모르는 상태의 아이들이 많습니다. 이 또한 문제가 아닐 수 없습니다.

그렇다면 말하기는 어떠한가요? 말하기 교육이 많이 부족한 것은 누구나 알 것입니다. 많은 학부모가 독서교육보다 영어 수학이 더 중요하다고 생각합니다. 말로는 독서가 가장 중요하다고 하지만 현실에서는 영수 학원에 목을 맵니다. 그것은 정말 아는 것이 아니지요. 독서교육도 이렇게 등한시되고 있는데 말하기 교육은 어떨까요? 보지 않아도 훤하시지요? 다행히 갈수록 중요성을 아는 분들이 생겨서 말하기 교육에 힘을 쓰기도 하지만 아직은 그 중요성을 잘 모르는 경우가 많습니다.

듣기, 말하기, 읽기, 쓰기 이 네 가지가 모두 조화를 이루어야 한다고 말씀드렸지요. 그리고 현재 우리의 듣기, 말하기, 읽기 교육은 무늬만 그러할 뿐 제대로 이루어지지 않는다고도 말씀드렸습니다. 듣기 능력이 키워지는 것이 아니라 오히려 그 어느 것도 집중해서 듣지 못하게 되는 듣기 중심의 수업, 잘못된 읽기 교육, 등한시되는 말하기 교육. 세 가지가 제대로 이루어지지 않고 있다고 정리할 수 있겠습니다.

그런데 문제는 이 세 가지가 잘 되지 않는 상황에서는 우리 아이들이 쓰기도 잘할 수가 없습니다. 잘 읽지 않고, 잘 듣지 못하고 잘 말하지 못하는 데 쓰기만 잘하기를 원하는 것은 욕심입니다. 글쓰기를 잘하기를 원한다면 우선 듣기, 말하기, 읽기가 제대로 이루어지는지 점검해 보아야 합니다.

많은 부모들이 아이가 글쓰기를 어려워하면 가장 먼저 떠올리는 것이 '초등 글쓰기, 논술 학원'입니다. 그리고 앉아서 글을 쓰는 모습을 상상하시기도 하지요. 하지만 초등 논술 학원에서는 쓰기만 하지 않습니다. 듣기, 말하기, 읽기, 쓰기, 네 가지를 모두 중요하게 여기며 상호 보완이 되도록 수업을 합니다.

우선 아이들의 독서교육을 하며 읽기 능력을 증진시키고 있습니다. 토의토론을 통해 친구 이야기를 잘 듣는 훈련을 합니다. 발표를 포함하여 스피치 능력도 키워주기 위해 노력합니다. 저뿐만 아니라 대부분의 논술 학원은 네 가지가 조화를 이룰 수 있도록 돕고 있습니다.

문제는 이런 과정을 이해하지 못하는 일부 학부모들이 아이를 논술 학원에 보내고, 바로 글을 잘 쓰기를 원한다는 것입니다. 쓰기를 잘 못 하니 글쓰기 요령을 배워 일단 쓰면 된다는 막연한 생각이 있으신 거지요. 연필을 잡고 일단 썼으면 하고 바라기도 하시고요. 종류별 글쓰기 방법을 배우면 바로 쓸 수 있을 거라 생각하기도 합니다.

말씀드린 대로 논술 학원은 네 가지 영역의 조화를 위해 애쓰고 있습니다. 그리고 사실 학원 교육보다 더 선행되어야 할 곳은 당연히 가정입니다. 하지만 가정에서도 아이들이 듣기, 말하기, 읽기, 쓰기를 잘 배우기란 쉽지 않습니다. 아이들이 너무 바쁘니까요.

그렇다면 어떻게 해야 할까요? 가장 우선적으로 해야 할 일은 아이들에게 시간을 주는 것입니다. 학교와 학원으로 하루가 채워진 삶에서는 절대로 네 가지 교육이 조화를 이룰 수 없습니다. 우리 아이의 하루를 떠올려 보세요. 듣고 말하고 읽고 쓰는 것이 조화를 이루고 있나요?

그다음으로 대화는 상호소통입니다. 대화를 잘하려면 남의 말을 잘 들어야 하고요, 그것에 맞게 반응해야 합니다. 즉 듣기와 말하기 교육이 함께 되는 것입니다.

그다음으로는 토론을 해야 합니다. 토론을 어렵게 생각하지 마세요. 이번 주 우리 가족 나들이를 어디로 갈지, 내일 외식은 어느 곳에서 할지 의견을 나누는 것이 대화의 시작이고, 그 대화가 오고 가며 적절한 의견을 주고받으면 그것이 곧 토론입니다.

흔히 토론은 말하기라고 생각하기 쉽습니다. 하지만 토론을 하려면 상대의 말을 잘 들어야 합니다. 토론이 반복되면 자연스럽게 읽기의 중요성을 느껴 책도 읽게 되고요. 그러니 토론이 자연스러운 가정이라면 듣기, 말하기, 읽기, 쓰기 교육을 잘한다고 할 수 있겠지요.

『저녁이 있는 삶』이라는 제목의 사회 분야 도서가 있습니다. 한때 유행처럼 돌기도 했던 말이지요. 우리 가족은 저녁이 있나요? 우리 아이에게는 저녁이 있는지요. 혹시 그 저녁마저 학원 숙제하느라 소통하지 않고 책상에 앉아 공부만 하는 것은 아닌지요. 공부 때문에 바쁠수록 우리 아이가 세상과 소통하지 못하는 아이가 될 수도 있다는 것을 꼭 기억해 주셨으면 합니다. 듣기, 말하기, 읽기, 쓰기를 잘하는 것이 소통의 시작이니까요.

흔히 엄마들은 논술 학원을 언제부터 보내야 하는지 궁금해하고 질문합니다. 우리 아이가 뱃속에 있을 때 동화 한 편 읽어 주는 것, 태어나서 충분한 상호작용을 하는 것, 자라면서도 서로에게 관심을 갖고 늘 소통하는 것이 논술의 시작입니다.

책상 앞에 앉으니까
글을 못 쓴다

일기나 독서록, 기타 여러 글쓰기를 하기 위해 아이들이 가장 먼저 하는 일은 무엇일까요? 아마도 책상 앞에 앉는 것이 아닐까 합니다. 엄마 역시 아이가 일기나 독서록을 써야 하는 시간이면 우선 자리에 가서 앉을 것을 권유하지는 않으신지요. 연필이나 종이를 먼저 꺼내야 한다고 생각하는 경우도 있을 것입니다.

하지만 책상 앞에 앉는다고 글을 쓸 수는 없습니다. 이는 글쓰기에 필요한 것이 무엇인지 잘 생각해 보면 답이 나옵니다.

글쓰기에 필요한 것은 무엇일까요? 글감을 찾는 것과 구상하는 것입니다. 집을 짓기 위해 재료를 마련하고 설계를 하는 것이라고 생각하면 이해가 쉬우시겠지요?

저는 글감을 정하지 않은 채 글을 써야겠다는 생각만으로 책상 앞에 앉은 적은 없습니다. 보통은 글감을 정하고 구상까지 다 하고 난 후에 바로 글이 써질 것 같은 순간, 앉아서 바로 씁니다. 그렇다면 글감을 생각하고 구상하는 일은 언제 하는 것일까요?

보통은 일상생활에서 자연스럽게 합니다. '무엇'을 쓸지 생각이 나면 그다음은 구상을 어떻게 할지 생각합니다. 일상생활을 하는 동안에 꾸준히 머릿속에서 생각을 하고, 그 생각이 어느 정도 정리가 되면 책상 앞에 앉습니다. 그때부터는 그야말로 일필휘지로 글을 쓸 수 있습니다. 타이핑 속도가 생각을 못 따라갈 정도일 때는 답답함이 느껴지기도 합니다.

즉, '글을 쓴다'는 것은 '책상 앞에 앉아 정말 글을 쓰고 있는 행위'만을 의미하지는 않습니다. 그것은 글쓰기의 일부일 뿐입니다. 다시 말해 글을 쓰는 일은 일상생활에서 매 순간 이루어져야 합니다.

그런데 아이들은 보통 글을 쓰기 위해 책상 앞에 먼저 앉습니다. 그리고 연필을 쥐고 얼굴을 찡그린 채로 '아, 뭘 쓸까?'하며 한참을 끙끙댑니다. 글감을 겨우 떠올렸다고 해도 구상하는 데 또 긴 시간을 들입니다. 구상하는 방법, 즉 글을 어떻게 이끌어갈지를 모르는 경우에는 그 시간이 더 지옥처럼 느껴질 것입니다. 이 과정에서 아이들은 이미 글쓰기가 지겹다는 생각을 하게 됩니다. 그러고는 쓰기도 전에 지쳐버리고 말지요.

그럼 어떻게 해야 할까요? 글감을 찾고 구상을 하는 과정은 책상 앞에 앉지 말고 일상 대화처럼 편안하게 하시기를 권합니다. 글쓰기가 자유로워지기 전에는 글감을 찾고 어떻게 쓸지 흐름을 대략 정해두는 일을 도와주셔야 합니다. 몇 가지 방법만을 알려주고 혼자 쓰라고 해서는 안 된다는 뜻입니다.

예를 들어 '일기'를 쓴다고 가정해 보겠습니다. 일기장을 펴고 연필을 쥐는 일은 나중에 하고 먼저 아이와 자연스럽게 대화를 해 보세요. 우리가 평소 대화할 때 책상을 사이에 두고 하지 않듯이 소파에 앉아서 혹은 자연스러운 일상의 풍경 속에서 시작하면 됩니다.

소파에 앉아 이야기를 나누는 장면을 떠올려 보겠습니다.

엄마 : 아까 들어오면서 왜 표정이 뾰로통했어?

아이 : 집에 오면서 소희랑 이야기하다가 소희가 화내고 가 버렸어요.

엄마 : 갑자기 화를 냈어? 이유가 있지 않을까?

아이 : 네. 소희가 친구랑 싸운 이야기를 했는데 제가 편을 들어주지 않았거든요.

엄마 : 아, 그랬구나. 엄마도 지난번에 비슷한 일이 있었는데. 사람들이 자기편을 들어주지 않으면 속상할 수 있지.

아이 : 맞아요. 하지만 한 편으로는 소희가 너무 자기 입장만 이야기하니까 답답해서 편을 들어주지 않은 것도 있어요.

엄마 : 그래, 네 말도 이해가 돼. 내일 학교에서 볼 텐데 괜찮겠어?

아이 : 내일은 가서 말을 걸어보려고요. 소희가 털털해서 내일이면 풀릴 것 같아요.

엄마 : 그래, 너흰 늘 그렇게 아옹다옹하다가도 금방 같이 놀잖아.

아이 : 엄마랑 저처럼요?

엄마 : 응. 우리 사이처럼 호호. 그럼 오늘 일기는 소희와 있었던 일을 써

보면 어때?

아이 : 좋아요. 안 그래도 온종일 그 생각뿐이라 다른 일은 생각나지 않아요.

엄마 : 그럼 소희와 있었던 일부터 써 볼까?

아이 : 네. 늘 자기 입장만 주장하는 소희의 모습이 이해가 가지 않는 제 마음도 표현하고 싶어요.

엄마 : 그래, 솔직한 마음이니까 표현해 봐. 엄마랑 나눈 이야기도 쓰면 어때?

아이 : 안 그래도 쓰려고 했어요. 내일 학교에 가서 말을 걸어보겠다는 생각까지 써 볼게요. 그래야 진짜 용기 내어 말을 걸 수 있을 것 같아요.

엄마 : 그래, 일기장 어디 있는지 찾아서 써 볼까?

아이 : 네!

위 대화에서 색 글씨는 '글감 찾기'의 과정이고 회색 글씨는 '구상하기' 과정입니다. 책상 앞이 아니라 자연스러운 대화를 통해서 이미 글감 찾기와 구상이 이루어졌음을 알 수 있습니다. 눈에 보이지 않지만 이런 과정을 거쳐 글이 나옵니다. 다시 말해 엄마와 아이의 대화에서 이미 글쓰기의 80%가 진행된 셈입니다. 책상 앞에 가야 할 순간은 이렇듯 글감을 찾고 구상까지 다 마친 순간입니다.

위 대화는 엄마가 일기 글감을 찾아주기 위하여 의도적으로 한 질문이기도 합니다. 아이의 하루를 관찰하지 않고 저녁에 앉아서 일기를 쓰라고 하는 것이 아니라 하루 일과 안에서 아이를 잘 관찰하고 자연스럽게 글감 찾기와 구상을 도운 것이지요.

만약 앞의 대화 내용처럼 글을 쓴다면 어떤 일기가 나올까요? 이해를 돕기 위하여 제가 작성한 글이므로 감안해서 읽어주시기를 부탁드립니다.

소희는 왜 그럴까? 1학년부터 지금까지 4년이나 친하게 지냈지만 가끔 이해가 되지 않는다. 소희는 다른 친구와 싸운 이야기를 나에게 종종 하는데 늘 자기 입장만 이야기한다. 자신이 잘못한 것도 있을 텐데 늘 상대만 잘못했다고 한다.

오늘도 소희는 친구와 싸운 이야기를 했다. 가만 들어보니까 소희가 먼저 그 친구 기분을 상하게 한 것 같았다. 하지만 소희는 자기는 별다른 말을 하지 않았는데 그 친구가 예민해서 그런다며 친구 탓만 했다. 늘 자기 입장에서만 이야기하는 소희가 오늘은 왠지 더 갑갑해 보였다.

나는 소희에게 네 잘못도 있을 테니 한 번쯤 생각해 보라고 했다. 그러자 소희 얼굴 표정이 확 바뀌었다. 가장 친한 나를 믿고 이야기하는데 왜 자기 편을 들어주지 않느냐며 화를 냈다. 그러더니 갑자기 빠른 걸음으로 먼저 가 버렸다.

집에 오고 나서 나는 내내 그 생각이 났다. 그렇게 가 버린 소희가 야속하기도 했고 앞으로도 계속 이런 일이 생기면 어떻게 대처해야 할지 난감하게만 느껴졌다. 내일 어떻게 얼굴을 볼지 걱정이 되면서도 왠지 먼저 말을 걸고 싶지 않다는 생각만 들었다. 그런데 엄마와 이야기를 나누고 나니까 생각이 좀 바뀌었다. 자기편을 들어주지 않은 나에게 섭섭했을 소희 마음이 떠올랐다.

기억해 주세요. 글쓰기는 책상 밖에서 시작됩니다.

초등 책읽기와 쓰기의 상관 관계

다음 쪽의 도표는 두 학년씩 묶어 학년별로 각 시기에 읽을 책과 쓸 수 있는 글을 문학(이야기책)과 비문학(지식책)으로 나누어 정리한 것입니다. 간단한 내용이지만 이해를 돕기 위하여 도표화하였습니다.

도표에 대해 간단히 설명해 보려고 합니다. 1, 2학년은 창작, 전래 동화 등 주로 문학을 읽습니다. 3, 4학년이 되면 생활 동화로 분야를 확장하지요. 그리고 5, 6학년 때는 명작 동화와 성장 동화도 읽습니다. 비문학은 보통 중학년, 즉 3, 4학년부터 읽기 시작합니다. 그때부터 비문학의 구조나 내용을 이해할 수 있으니까요. 5, 6학년이 되면 거의 모든 분야의 비문학을 읽을 수 있습니다.

글쓰기도 바로 이 순서에 따라 합니다. 1, 2학년이 쓸 수 있는 글은 생

	이 시기에 읽을 책		이 시기에 쓸 수 있는 글		공통
1, 2학년	문학책	전래, 창작 동화	문학글	생활글, 일기	
3, 4학년	문학책	생활 동화	문학글	동시	
	비문학책	과학, 쉬운 역사도서	비문학글	설명글	독후감
5, 6학년	문학책	명작, 성장 동화	문학글	동화	
	비문학책	인물 이야기 정치, 경제, 역사 기타 비문학	비문학글	주장하는 글	

활글과 일기입니다. 전문적인 배경지식이 필요하지 않은 문학글이지요.(물론 상황에 따라 전문 분야의 배경지식을 바탕으로 하는 문학글도 있습니다.) 자신의 생활 속에서 글감을 찾아 쓰는 생활글과 일기만 써도 충분한 시기입니다.

3, 4학년이 되면 조금 더 넓혀 동시와 설명글 쓰기가 가능합니다. 실제 교과 과정에서도 이런 식으로 글쓰기 분야를 확장하고 있습니다. 물론 1, 2학년 때도 동시 쓰기가 가능하지만 운율이나 연, 행의 개념 등을 어느 정도 의식하고 쓸 수 있는 것은 중학년부터라는 뜻입니다. 이 시기에 비문학글을 읽으니 간단한 설명글도 쓸 수 있습니다.

5, 6학년에서는 더 폭넓어지겠지요. 새롭게 쓸 수 있는 대표적인 글로 '주장하는 글'이 있습니다. 주장하는 글은 자신의 생각을 논리적으로 풀어야 하기 때문에 논리적 사고력이 생기는 이 시기부터 쓸 수 있습니다.

독후감의 경우 형태를 매우 다양하게 하거나, 간략한 방식으로 바꾸어 쓸 수 있기 때문에 전 학년에 가능한 글쓰기로 분류하였습니다. 하지만 가장 어려운 글이기도 합니다. 책을 읽고 이해하고 분석하여 자신의 삶에 적용한 단계까지 담아야 하는 글이기 때문입니다.

앞쪽의 도표를 제시하고 설명드린 이유가 있습니다. 많은 엄마가 아이가 한글을 배우고 나면 어느 시기부터는 책을 혼자 읽을 수 있다고 생각합니다. 하지만 그렇지 않습니다. 도표의 내용처럼 학년이 올라감에 따라 새로 읽게 되는 분야는 그 분야의 특성에 맞는 적절한 독서 지도가 필요합니다. 예를 들어 5학년이 되어 경제 분야 책을 읽는다면 경제 도서를 어떻게 읽고 감상하는지 배워야 한다는 뜻이지요.

글쓰기 또한 마찬가지랍니다. 아이가 글자를 쓸 수 있고, 몇 가지 방법을 익혔다고 하여 글을 잘 쓸 수 있는 것은 아닙니다. 읽기가 잘 이루어진다는 전제하에 학년마다 새롭게 익히고 배워야 할 글이 있습니다. 초등 글쓰기도 단계별로 이루어져야 한다는 뜻입니다.

어쩌면 당연할 수도 있는 이 이야기를 자세히 말씀드리는 이유가 있습니다. 많은 엄마가 논술 학원을 보내고는 1~2년 안에 글쓰기 실력이 향상되기를 바랍니다. 학년을 막론하고, 심지어 아이의 독서 능력을 무시한 채 일단 글을 배우면 잘 쓸 거라고 생각합니다.

3학년에 배우기 시작했다면 3학년에 쓸 수 있는 글을 배웠듯이 4학년이 되면 또 4학년에 쓸 수 있는 글을 배워야 합니다. 이런 단계성을 고려하지 않고 논술 학원에 보낸 시간만을 생각하여 효과를 운운하는 것은 이치에 맞지 않습니다.

이해를 돕기 위해 설명을 덧붙이겠습니다. 아이들이 독서록을 배운다고 생각했을 때, 어느 일정 시기만큼 배우면 해결이 되는 것일까요? 그렇지 않습니다. 물론 배우는 시간에 비례하여 글쓰기 실력은 조금씩 성장할 것입니다. 하지만 학년별로 읽을 수 있는 분야에 따라 쓸 수 있는 독서록이 있습니다. 1, 2학년 때 독서록 쓰기를 배웠다고 해도 3학년이 되면 과학 도서를 읽기 시작하니 '과학 독서록' 쓰는 법을 배워야겠지요. 5, 6학년이 되면 인물 이야기도 읽으니 '인물 독서록 쓰는 법'을 배워야 합니다. 이 단계성을 잘 고려한다면 글쓰기 교육의 원리를 알게 되고, 그렇다면 글쓰기는 단시간에 배워 완성할 수 있는 것이 아니라는 점을 이해할 수 있을 것입니다.

무엇보다 쓰기 수준이 읽기 수준을 능가할 수는 없습니다. 학년에 맞는 적절한 읽기 교육에 발맞추어 적절한 쓰기 교육이 이루어져야 합니다. 그래야 두 가지 능력이 조화를 이루어 균형 있게 발전합니다. 쓰기 특성을 잘 기억해서 조급해하지 말고 단계별로 지도해 주세요. 아이들 신체가 서서히 자라듯 글쓰기 실력도 천천히 자라야 점차 탄탄한 글을 쓸 수 있게 될 테니까요.

초등 아이들의 글이
산만해 보이는 이유

살을 빼기 위한 정석으로 소식(小食)과 운동이 널리 알려져 있습니다. 그런데 처음 운동을 시작한 이들은 오히려 몸무게가 늘었다고 입을 모아 말합니다. 전문가에게 조언을 구하면 비슷한 답을 듣게 됩니다. 운동을 시작하면 처음에 근육량이 늘기 때문에 살이 찐 것처럼 보이거나 오히려 몸무게가 증가한다는 것이지요. 다행히도 이것은 다이어트 초기의 일시적 증상입니다.

아이들 글도 이와 같습니다. 초등 시기는 그 '일시적 증상'을 겪는 시기라고 보면 됩니다. 전 생애에 걸쳐 글을 쓴다고 보았을 때 초등 시기는 매우 초보적인 글쓰기의 단계입니다. 그 시기에 너무 완벽한 글을 바라는 것은 한두 달 안에 몇십 킬로그램을 감량하려고 하는 것과도 같습니다.

옳지 않은 방법으로 단기 다이어트를 자주 시도하면 요요현상으로 점점 더 살을 빼기 힘든 체질이 됩니다. 글쓰기도 단기간에 완성하려고 초등 시기에 잘못된 방법을 적용하면 점점 더 힘들어지는 상태가 됩니다.

초등 아이의 글은 산만합니다. 그것은 지극히 당연합니다. 어른들 눈에 보기 좋게 다듬으려고 하니까 아이들이 글을 못 쓰는 것입니다. 일단은 말이 되든 안 되든, 문맥이 어색하거나 말거나 무조건 종이에 생각을 활자로 흩뿌리는 연습만 하면 됩니다. 생각을 글로 표현하는 것이 어려움 없이 되었을 때 다듬어도 충분합니다.

논술 학원에 오면 일시적으로 더 산만한 상태가 되는 경우가 종종 있습니다. 아이들이 보통 일기는 '한 일과 느낌', 독서록은 '줄거리와 느낌'이라고 알고 있습니다. 그렇다 보니 무척 단순한 형태의 글만을 씁니다. 그렇게 쓴 글은 단순하기에 틀린 글자만 고쳐도 정돈되어 보입니다.

하지만 논술 학원에서는 한 일과 느낌, 줄거리와 느낌이라는 일기와 독서록의 편견을 과감히 깨고 다양한 방법으로 지도합니다. 일기를 쓰는 방식은 무수히 많습니다. 독서록 또한 줄거리와 느낌이 아니라 여러 가지 방법과 서술 구조로 쓰도록 지도합니다. 그래서 다이어트 예시처럼 초반에는 오히려 글이 산만하게 느껴집니다. 쓰지 않던 방식대로 써 보고, 생각을 종이 위에 흩뿌려 놓으면서 글쓰기 실험을 많이 하게 되니까요.

좋은 글을 쓰기 위해서는 좋지 않은 글도 써 보아야 합니다. 다양한 방법으로 우선 써 보아야 합니다. 아무것이나 써 보아야 합니다. 그 과정이 있어야 좋은 글도 쓸 수 있습니다. 여러 책을 마음대로 읽어 보아야 좋은 책을 고를 수 있는 것과 같은 이치입니다.

아이 글을 빨리 정돈하려고 하면 빨리 정형화됩니다. 교육은 늘 멀리 내다보아야 합니다. 지금 이 순간 어른이 보기에 좋은 글을 위해 섣불리 형식을 정해주거나 틀을 제시하지 말아 주세요. 좋은 글을 쓰기 위한 '실수처럼 보이는' 과정도 허용해 주세요. 그중 한 가지가 바로 초등 시기의 '산만해 보이는 글'을 허용하는 것입니다.

갈래 글쓰기 지도의
압박에서 벗어날 것

초등 글쓰기 교육에 있어서 한 가지 꼭 짚고 넘어가고 싶은 것이 있습니다. 초등 글쓰기 지도에서 흔히 적용하는 방법론 중 하나가 갈래 글쓰기인데요. 대체로 일기, 편지글, 동시, 설명글, 독후감, 주장하는 글 등이 있습니다.

보통의 초등 논술 학원에서도 월 1회는 갈래 글쓰기 수업으로 정해놓는 경우가 많습니다. 초보 선생님들도 한 달에 한 번은 갈래 글쓰기를 해야 하지 않느냐고 묻곤 합니다.

초등 글쓰기에서 우리는 흔히 '형식'이 중요하지 않다고들 합니다. 그럼에도 형식을 강요하기도 하는데, 그것이 바로 '갈래 글쓰기' 지도입니다. 아이가 쓰는 글의 종류를 정해두고 그 종류에 맞는 글을 쓰게 하는 것도 엄연히 '형식'에 치중한 글쓰기입니다.

(이 이야기에서 혹 앞 67쪽의 도표를 떠올리시며 오해하시는 분이 계실까 하여 덧붙입니다. 앞 67쪽 도표에 제시한 학년별 글쓰기는 그 학년이 되면 쓸 수 있는 글쓰기라는 뜻이지 그 학년에 꼭 그런 글쓰기만을 해야 한다는 뜻은 아닙니다. 오해가 없으시기를 바랍니다.)

형식을 제시해 주는 순간 아이들은 자유롭게 쓰지 못합니다. 그 글에 맞는 형식이 무엇인지 먼저 배웠기 때문입니다. 자기가 쓰는 문장 혹은 흐름이 형식에 맞는지 계속 질문하고 자기 검열을 합니다. 그 과정에서 이미 자유로운 글을 쓸 가능성이 줄어들고 있음을 저는 현장에서 매번 목격합니다.

글의 종류와 상관없이 무엇이든 쓰게 했으면 좋겠습니다. 그렇게 지도하기가 더 어렵게 느껴진다면 지도하는 사람이 이미 '형식적 글쓰기'에 길들여졌거나 아이들이 글을 잘 쓰게 하기 위한 다각적 노력을 기울이지 않았다는 뜻이기도 합니다.

초등 아이라면 책을 읽고 감상을 쓰려고 하다가 일기가 되기도 하고, 일기를 쓰다가 주장글이 되기도 합니다. 편지를 쓰다가 감상문이 되기도 합니다. 갈래 글쓰기라는 형식을 넘나드는 자유를 보장해 주어야 나중에 갈래 글쓰기를 배울 때 수월하게 익힙니다. 자유롭게 쓸 수 있으니 자신이 써 오던 글을 조금만 다듬으면 되기 때문입니다. 미리 갈래를 정하고 쓰지 말고 하고 싶은 말을 다 쓴 뒤에 자신의 글이 어떤 갈래에 가까운 글인지 생각해 보아도 괜찮습니다.

아이들이 대체로 이 자유를 보장받지 못한 채 각종 갈래별 글쓰기를 먼저 배웁니다. 그래서 글이 굳어져 버리고 맙니다. 물론 갈래별 글의 특징과 쓰는 방식이 있고, 이를 아는 것은 매우 중요합니다. 다만 스펀지처럼 배운 대로 하는 아이들에게 일정한 방식이나 틀을 미리 제안해서는 안 된다는 것입니다. 글의 종류가 무엇이든 생각을 문자로 표현하는 자유가 우선인걸요.

혹자는 이미 제도권 교육에서 갈래 글쓰기 지도를 하는데 그럼 무시해야 하는 것인지 물을지 모르겠습니다. 실제로 국어과에서 학년별로 글쓰기를 배웁니다. (67쪽의 도표를 참고하세요.) 시중 초등 글쓰기 지도서도 그에 맞게 지도법을 제안하는 경우가 많습니다. 학교 밖 글쓰기 교육의 중심지인 논술 학원에서도 '학교의 교육과정에 따라 우리는 이렇게 체계적으로 지도한다.'고 강조합니다.

그렇다면 한 단계 더 깊이 생각해 보면 어떨까요? 갈래글의 이름이나 특성은 학문적으로 이미 널리 알려져 있고 그에 따라 제도권 교육의 방향이 정해지기도 합니다. 하지만 제도권 교육을 넘어서는 지혜도 필요합니다. 아이들이 살면서 학교에서 배운 갈래글만 쓰지는 않을 테니까요.

입시 논술도 아닌 초등 논술 학원이 갈래 글쓰기 지도를 내세워 '체계적인 글쓰기 지도'만을 강조하고 진짜 글쓰기가 무엇인지 설명하지 못한다면 '체계적으로 아이 글을 죽어가게 만든다.'라고 생각해도 좋습니다. 과목을 막론하고 초등 교육에 있어 '체계적'이라는 말은 '획일적'이라는 말과 다르지 않습니다.

어른의 눈으로 이 글이 '어떤 갈래글'인지 판단할 수 없다고 해서 함부로 못 쓴 글이라고 단정 짓지도 않아야 합니다. 위험한 발언일지 모르겠으나 어른들의 시선은 결코 아이들을 능가하지 못합니다. 우리 아이가 쓴 글이 일기인지 시인지 모호하다고 하여 이게 도대체 무슨 글이냐고 하지 말아주세요. 독서록인지 설명글인지 헷갈린다고 하여 다시 쓰게 하지 말아주세요. 아이가 쓴 글이 아이만의 새로운 갈래글인걸요.

부모들이 자주 하는 말이 있습니다. '기다리라고 하던데 참 힘들다, 언제까지 기다려야 하는 걸까'라는 말입니다. 저는 이 말이 잘못되었다고 생각합니다. 초등 글쓰기 지도에서 '기다리는 것'은 필요하지 않습니다. '바르게 이해하는 것'만이 필요합니다. 이런 글쓰기 과정을 잘 이해하면 기다리지 않아도 됩니다. 5시에 오는 버스를 1시부터 기다리면서 기다리기 힘들다고 하면 버스를 탓하게 됩니다. 기다리지 말고 이해해 주세요. 아이를 탓하는 일이 줄어들 것입니다.

쓰지 말아야 할
글은 없다

아이들과 글 대화를 나누면서 글감 찾기를 할 때 종종 듣는 이야기가
있습니다.

"선생님, 엄마가 우리집 이야기는 쓰지 말래요."
"선생님, 지난번에 엄마한테 혼난 이야기 썼다고 또 혼났어요."

부모님들도 간혹 이야기를 전해 옵니다. 아이들이 논술 교실에서 와서
쓰는 글에 '엄마한테 혼난 이야기'나 '부모님이 싸우신 이야기' 등 우리
가족의 갈등이나 생활 속에서 생기는 일을 너무 적나라하게 써서 부끄럽
다는 말입니다.

아무래도 아이들 글 안에서 우리 가족의 민낯, 자신의 민낯을 보는 것은 불편한 일입니다. 얼굴이 화끈거리기도 할 거예요. 우리 아이가 내가 한 말, 나의 행동을 이렇게 정확히 기억하고 있는지 놀라기도 할 것입니다.

그래서 순간적으로 '이런 건 쓰지 말라고' 할 수밖에 없는 심정을 잘 이해합니다. 저 역시 논술 교실에 온 지 몇 주 안 된 아이가 글에 '시간이 가장 안 갈 때는 논술 시간이다.'라고 써서 순간적으로 '이를 어쩌나?' 생각한 적이 있습니다. 분명 부모님이 보실 것이기 때문입니다.

하지만 아이 글을 고치게 하거나 지우지 않고 그냥 보냈습니다. 첫날부터 5분을 앉아 있기 힘들어한 아이였기에 아이 입장과 상황에서는 충분히 할 수 있는 생각이었기 때문입니다. 그렇지 않다고 해도 모든 친구가 논술 수업을 좋아할 수는 없으니 솔직히 쓴 것을 나무랄 수 없었습니다. 만약 제가 그 내용을 지우게 했다면 아이는 '글에는 솔직한 마음은 쓰지 말아야 하는구나.' 느꼈을 거예요. 다행히 아이는 여느 아이들이 그렇듯이 지금은 90분 수업을 너무도 너끈히 잘하고 간답니다.

부모들이 아이가 글에 솔직한 내용을 쓰지 못하게 하는 이유는 다음 두 가지가 아닐까 합니다. 한 가지는 그 글을 담임선생님이나 글쓰기 선생님이 보신다는 생각에 창피하기 때문일 거고요. 또 한 가지는 아이가 글에 정말 힘든 마음을 담은 경우, 그 글을 보면서 부모 역시 불편한 마음과 책임 의식을 느끼기 때문일 것입니다.

하지만 저는 두 가지 모두 개의치 않으셔도 된다고 말씀드리고 싶습니다. 다음은 오래전 저와 수업한 아이가 쓴 글입니다.

어제 부모님이 또 싸우셨다. 아빠가 된장찌개에 감자를 넣으라고 했는데 엄마가 또 안 넣었다. 그래서 밥 먹다가 아빠가 소리를 질렀다. 엄마가 집을 나간다고 했다. 나는 무서워서 책상 아래 들어가서 울었다.

— 3학년 윤정호

이 글을 읽는 순간에는 아마 피식 웃음이 나올지도 모르겠습니다. '된장찌개에 감자를 넣지 않은 일'로 엄마가 집을 나가기까지 하는가? 의문이 들지도 모르겠어요. 하지만 삶의 굴곡을 어느 정도 겪은 성인이라면 아이의 부모가 단순히 '감자' 때문에 싸운 것이 아니라는 사실을 너무도 잘 알 것입니다. 사람 사이의 갈등은 늘 웅크린 듯 숨어 있다가 이렇게 사소한 일로 터져 나온다는 것을 이해 못 할 어른은 없을 테니까요.

아이의 솔직한 생활이 담긴 글을 하나 더 읽어 보려고 합니다.

어머니

부산 신평 1학년 권윤경

우리 어머니는 날씬합니다. 나는 날씬한 이유는 아이를 4명이나 키우기 때문에 날씬한 것 같다. 우리 어머니는 오빠와 나와 언니와 미애가 떠들고 싸우면 구멍을 파서 4명을 한 구멍에 처넣는다고 한다. 요새는 그 말을 들어도 하나도 안 무섭다. 그래서 인자 안 운다.

윗글은 『아무도 내 이름을 안 불러줘』에 실린 글 중 한 편입니다.

이 글을 보면서 혹시 이 가족의 엄마를 아동 학대로 신고해야겠다고 생각한 사람이 있을까요? 보통의 사람이라면 아마도 아이 넷을 키우면서 얼마나 힘들까, 아이들이 한꺼번에 떠들고 싸우면 정말 저런 말을 할 수밖에 없겠다고 생각할 거예요.

아이들의 이런 글을 읽고 그 집 부모가 이상하다는 생각을 하거나 그것을 흉잡아 뒷담화를 하는 사람이 있다면 그것은 그 사람 인격의 문제일 뿐입니다. 아이들 글을 읽는 사람이 제발 그 정도의 인품은 아니기를 바랄 뿐이에요.

아이 글에 드러난 아이의 힘겨운 마음이 부모 탓이라는 책임 의식으로 못 쓰게 하는 경우, 이 또한 개의치 말라고 말하고 싶습니다. 물론 부모 때문에 힘든 아이들이 많은 것도 사실입니다. 하지만 우리나라는 유독 아이의 모든 소소한 행동과 잘못마저 부모의 잘못이라고 생각하는 경향이 있습니다. 책임 의식을 느끼고 힘겨워하기보다는 글에 나타난 아이 마음을 직시하고 대안을 마련하고자 노력하는 것이 더 현명하지 않을까 합니다.

나이가 들어갈수록 우리는 삶에 '일어나지 못할 일'은 없다는 것을 알게 됩니다. 부모 자식 간에 다소 험한 말이 오가는 것도, 아이에게 소리 한 번 지르지 않는 부모는 없다는 것도, 조금은 부끄러운 행동을 하게 된다는 것도 서로가 어렴풋이 알고 있습니다. 오죽하면 아이를 키우는 일이 한 사람 인격의 바닥을 보는 일이라고 하겠어요.

만일 아이 글에 담긴 부모의 말이나 행동이 정말 도덕적으로 비난받을 만하다고 생각된다면 그 또한 아이 글을 통해 부모를 돌아보는 좋은 기회가 될 수도 있습니다. 사람들은 자신의 모습이 아니라 타인의 모습을 보며 살기 때문에 자신을 가장 모른다고 합니다. 거울이 나를 보여주는 것처럼 아이 글이 나를 보여주는 것이라면 오히려 그런 내용을 가감 없이 글에 담아내는 아이에게 감사해야 하지 않을까요?

글의 내용을 통제하는 부모로 인해 아이가 가족의 이야기를 쓰지 않는다면 그것이야말로 아이가 건강하지 않은 것이랍니다. 실제로 몇몇 아이들은 글을 써 놓고도 엄마나 아빠가 보면 자기는 엄청나게 혼날 거라면서 글을 두고 간다고 하는 경우도 있습니다. 저 또한 아이들이 제게 하는 이야기를 들으면 저의 민낯을 확인하고 부끄러워질 때가 있어요. 저는 전혀 의식하지 못한 것인데 아이들이 말하는 순간 부끄럽기도 하지만 감사하기도 합니다. 아이들이 아니라면 저는 저의 잘못을 인식하지 못하고 같은 실수를 반복할 테니까요.

그런 의미에서 본다면 아이들을 통해 어른의 모습을 볼 수 있다는 것은 차라리 감사한 일이지요. 더구나 아이가 정성스럽게 쓴 '글'을 통해서 우리 모습을 볼 수 있다면 저는 그것이 참 다행이라는 생각이 듭니다. 아이들의 글을 읽을 수 있는 직업을 가진 것은 행운이고요.

마음을 표현한 글, 솔직한 생각을 나타낸 글을 보고 '이런 건 쓰지 말라'는 말을 들은 아이라면 점점 글을 못 쓰게 되는 것이 당연합니다. 저학년일수록 생활글을 주로 쓰기 때문에 글에 부모 이야기가 담길 때가 많습니다. 쓸 자유가 건강할 자유이기도 합니다. 세상에 쓰지 말아야 할 글은 없습니다. 그저 보고 느껴주세요. 어른들이 할 일은 어쩌면 단순하고 명확합니다.

아이보다 먼저 쓰기,
함께 쓰기

글쓰기 교사와 글쓰기인(人),
그 우선순위에 대하여

독서 지도를 하시는 선생님들 중에는 경력이 오래 되어도 해결되지 않는 것이 한 가지 있다고 입을 모아 말씀하십니다. 바로 '글쓰기 지도'입니다. 시간이 흐르면 다른 것은 어느 정도 해결이 되는데 글쓰기는 여전히 어렵다고들 합니다.

어려운 이유를 들어 보면 크게 세 가지로 추릴 수 있습니다.

1. 아이들 글을 보는 내 관점이 과연 옳은가
2. 아이들 글을 평가하고 첨삭하는 나의 방식은 옳은가
3. 관점과 평가 방식에 자신감을 갖고 지도하는데 학부모가 반대 의견

고민한다는 것 자체가 이미 노력하고 있고 옳은 방식을 찾아 애쓰고 있다는 것입니다. 그런데도 글쓰기를 지도하는 선생님을 한번 구분해 보려고 합니다. 다소 불편한 표현이 있더라도 노여워하지 마시고 부디 넓은 마음으로 읽어 주시기를 부탁드립니다.

우선 가장 나쁜 선생님은 스스로 글을 쓰지 않고 글쓰기가 무엇인지 알지 못한 채 일정한 기준 없이 그때그때 보이는 대로 첨삭하거나 이론서의 내용에만 의지하여 가르치는 선생님입니다. 초등 글쓰기 지도에 대한 기준이나 신념, 뚜렷한 목적이 없이 내가 하는 수업에 '글쓰기'가 포함되어 있기에 의무적으로 하는 선생님이겠지요.

다음으로 나쁜 선생님은 학부모가 아이의 능력 이상의 것, 혹은 아이들이 글을 더 못 쓰게 되는 잘못된 방식을 요구했을 때에 학부모를 만족시키기 위해 그에 따라 지도하는 선생님입니다. 예를 들어 아이 글에 과도한 첨삭과 수정을 하여 학부모는 만족시키지만 아이는 점점 글을 못 쓰게 하는 선생님이지요.

그다음은 학부모의 요구와 선생님의 신념 사이에서 아슬아슬하게 줄타기를 하는 선생님입니다. 선생님의 방식대로 지도하다가도 학부모의 다른 요구가 있으면 조금은 만족시켜 주어야 하지 않을까 하는 생각에서 가끔은 학부모의 요구대로 지도하는 선생님입니다. 그러다 조금 괜찮다 싶을 때는 제자리로 돌아오지만 그 경계가 모호하고 부정확하여 오히려 아이들이 글쓰기에 더 혼란에 빠지게 합니다.

나쁜 선생님 이야기를 했으니 좋은 선생님 이야기도 해야 할 텐데 우선 저부터 그런 자격이 있는 사람인지 늘 고민하고 있음을 고백합니다. 그럼에도 이야기하고 싶습니다. 초등 글쓰기 지도를 하는 분들이 추구해야 하는 이상향은 필요하다고 생각하니까요.

제가 생각하는 기준과 방식이 모두 옳은 것은 아닐 수 있으니 '좋은 선생님'이라기보다는 '그나마 덜 나쁜 선생님'이라고 칭해야 할 듯도 싶습니다.

우선 스스로 글을 쓰는 선생님이 '그나마 덜 나쁜 선생님'이 아닐까 합니다. 시중에는 흔히 '글 안 쓰는 어른도 지도할 수 있는 글쓰기 지도'라는 테마의 책들도 있습니다. 사실 글쓰기 지도뿐 아니라 모든 교육에 있어서 '어른은 하지 않고 가르칠 방법'이 해법처럼 난무하고 있는 것이 우리 교육 현실입니다.

심지어 독서논술 계통에서도 '선생님이 책을 읽지 않고 지도할 수 있는 프로그램'이라는 말도 안 되는 시스템으로 선생님을 모집하는 곳도 있었습니다. 그런 시스템이 없다고 하더라도 실제 현장에서는 바쁘다는 이유로 수업 도서도 읽지 않고 지침서만 보고 수업하는 선생님들이 종종 있다고 합니다.

어른들이 '하지 않고' 아이들에게 줄 수 있는 것이 과연 무엇이 있을까요. 당장은 편법으로 가능할 수도 있겠지만 장기적으로 보았을 때 결국 우리가 먼저 직접 쓰는 것이 옳지 않을까요. 글을 쓴다는 일이 생각보다 쉽지는 않지만, 마음만 먹으면 못할 일도 아닙니다. 읽기도 힘든데 쓰라는 것이 부담일 수 있으나 부담이 된다고 해서 글쓰기 교사로서 마땅히 해야 할 일을 미루어서는 안 될 것입니다.

그다음으로는 내가 추구하는 글쓰기 지도 방식과 학부모의 요구가 다를 때에 대처하는 자세에서 좋은 선생님의 모습을 말할 수 있지 않을까 합니다. 사실 비용을 지불하는 사교육에서 마냥 교사의 소신대로 하기가 여간 힘든 일이 아님을 잘 알고 있습니다. 교육이기에 앞서 당장 먹고 살아야 하는 생업이기도 하기에 교사로서의 소신이 때로는 사치처럼 느껴지기도 할 것입니다.

그럴수록 우리는 더 강해지고 견고해져야 합니다. 진부한 표현이지만 글쓰기 지도는 아이들의 삶을 가꾸는 일입니다. 긴 시간을 책 대화, 삶 대화를 나누면서 끌어가야 하는 것이 초등 글쓰기 지도입니다. 글쓰기라고 부르지만 '삶 나누기'가 더 맞는 표현이라 생각합니다.

그런데 일부 학부모는 일단 글쓰기 스킬을 알려달라고 합니다. 인터넷 등에서 본 상식을 토대로 잘못된 방식을 요구할 때도 있습니다. 하지만 생업이라는 이유로 원하는 대로 모두 해 주다 보면 그 사이에 있는 아이들이 병듭니다. 글쓰기 지도를 하면서 잘못된 방식을 말하는 학부모의 요구를 싱거운 음식에 소금 더 넣어달라는 식당 고객의 요구 정도로 받아들여서는 안 됩니다.

얼마 전에는 한 글쓰기 학원의 전단지에 적힌 문구를 보고 참으로 화가 났습니다. 단기간에 글쓰기 실력 향상을 못 시키는 교사는 변명하는 것이니 자신에게 수업을 받으라는 것이었지요. 자신의 수업은 '정해진 구조에 따라 전략적으로 지도한다'는 문구도 덧붙였습니다.

그것은 아이들의 다양한 글쓰기 실험을 허용하지 않고 일단 정해진 구조를 제시해서 틀 안에 아이들의 생각을 가두고, 보기에 그럴듯한 글로 만드는 것과 다르지 않을 것입니다. 전단지에 담기지 않은 더 깊은 내용이 있을 수 있겠지만, 어느 정도 글쓰기 지도 경력이 있는 교사들은 그 전단의 목적과 의미를 대체로 비슷하게 이해하지 않을까 합니다.

그것은 단기간 효과를 바라는 학부모의 마음을 공략하기 위한 것이겠지요. 학부모가 사교육에 비용을 들이는 이유는 '먼 미래'에 대한 기대감 때문은 아닙니다. 언뜻 보면 그런 것 같지만 사실은 지금 당장의 문제를 해결하고 싶은 마음에 비용을 쓰는 경우가 더 많습니다. 그래서 학원에 다녀도 글이 늘지 않는 것 같으면 조바심이 나고 다른 학원을 알아보기도 하겠지요. 저에게 상담을 오는 학부모의 일부도 '다른 학원을 보내보았는데 글쓰기 실력이 향상되지 않아 여기에 와 보았다.'고 하시는 경우가 있거든요.

엄마들의 이런 심리를 잘 아는 이들이 단기간 향상을 주장한다면 학부모 마음은 흔들릴 것입니다. 하지만 지도하는 사람이 흔들려서는 안 되겠지요.

정리하자면 스스로 글을 쓰면서 나름의 확고한 기준을 가지고 일부 학부모의 요구에 흔들리지 않을 자신이 있어야 좋은 글쓰기 교사라 할 수 있겠습니다. 참 어려운 문제라는 것을 저도 잘 압니다. 그래서 아이들을 지도하는 일은 사명감이 필요합니다. 글쓰기 교사가 먼저 될 것인지,

글쓰기인이 먼저 될 것인지는 선택의 몫입니다. 하지만 나의 선택이 아이들에게 어떤 영향을 줄지 잘 생각해 본다면 답은 명확합니다.

　글쓰기 교사가 되기 전에 글쓰기인이 되시기를 부탁드리고 싶습니다.

지도하는 사람이
먼저 써야 하는 이유

앞 장에서 글쓰기인이 되어야 한다고 말씀드렸습니다.

그럼 지도하는 사람이 글을 써야 하는 이유는 무엇일까요? 잘 쓰는 사람만이 잘 가르칠 수 있기 때문일까요? 그렇지 않습니다. 가장 큰 이유는 아이들과 '종이에 대한 두려움'을 공유할 수 있다는 것입니다.

저도 글을 쓰지만 여전히 종이는 두려운 존재입니다. 그렇지만 한 글자, 두 글자 써 나가면서 두려움을 이겨냅니다. 전문 작가가 아닌 다음에야 글쓰기를 두려워하지 않는 이가 있을까요? 아니, 전문 작가들마저 글쓰기는 고통스러운 일이라고 합니다.

글을 쓰는 사람은 글을 쓰는 이상 영원히 마주해야 하는 그 두려움을 알고 있습니다. 그렇기 때문에 글쓰기를 싫어하고 어려워하는 아이들 마음도 이해할 수 있습니다. 이것이 지도하는 사람이 글을 써야 하는 가장 큰 이유입니다.

글쓰기를 싫어하는 대부분의 아이들이 자주 하는 질문이 있습니다. 종이가 작든 크든 '이 종이를 다 채워야 하는지'를 묻습니다. 또는 '몇 줄'을 써야 하는지 묻기도 합니다. 이는 글을 쓰기 전 당연한 두려움입니다. 막상 쓰면 금방 채우기도 하지만, 아무것도 없는 하얀 종이를 보는 순간에는 두려움이 생길 수밖에 없습니다.

저 또한 글을 쓸 때마다 '내가 어떻게 책을 냈을까?' 하는 생각이 들 정도로 글쓰기는 여전히 어렵고 힘이 듭니다. 그만큼 매 순간 '전혀 써보지 않은 상태'의 사람이 되곤 합니다. 스스로 써야겠다고 마음을 먹었음에도 하얀 종이는 저에게 한숨을 불러옵니다. 쓰려고 하는 것이 번뜩 떠올라 정신없이 써 내려가는 순간에도 그 두려움은 저를 지배합니다.

그 두려움에는 여러 색이 존재합니다. '내가 하고자 하는 말을 잘 풀어낼 수 있을까?' 하는 두려움도 있지만, 무엇보다 글쓰기는 상당한 지적 노동이기 때문에 쓰기 전부터 체력 소진이 염려되기도 합니다. 글을 써나가면서 생각의 흐름을 놓치지 않아야 한다는 것도 또 하나의 두려움입니다. 이 감정을 아는 사람과 모르는 사람이 아이들 글쓰기를 지도하는 것에는 큰 차이가 있습니다. 두 사람 모두 초등 글쓰기의 기본 이론과 지식을 갖고 있다고 해도 '스스로 쓰느냐, 쓰지 않느냐'에 따라 결과가 달라집니다. 결코, 간과해서는 안 됩니다.

그렇다면 직접 글을 쓰지 않는 사람은 당연히 그 두려움을 알 수 없을 것입니다. 그래서 글쓰기가 어렵다는 생각을 막연히 할 뿐입니다. 그런 사람은 아이들에게 글쓰기 지도를 하면서 다음과 같은 생각을 많이 합니다. 더불어 글을 쓰는 사람의 생각도 함께 살펴보겠습니다.

글을 쓰지 않는 사람의 생각	글을 쓰는 사람의 생각
쓰는 방법을 여러 번 가르쳐 주었는데 왜 못 쓰는 걸까?	방법을 알아도 글은 못 쓸 수 있어. 방법을 안다고 다 글을 잘 쓰는 것은 아니니까.
왜 종이를 받자마자 다 채워야 하냐고 묻는 걸까?	글을 자주 쓰고 잘 써도 흰 종이를 보면 언제 다 채울까 하는 생각에 한숨부터 나오는 걸.
일기와 독서록은 당연히 해야 하는 숙제인데 왜 할 때마다 지겨워할까?	글쓰기를 좋아하는 사람조차 글쓰기는 때론 지겨워. 그것이 글쓰기의 유일한 진실이야.
이론서와 지침서를 보니 글쓰기 지도는 어렵지 않은데 내가 이렇게 지도하는 게 과연 맞는 걸까?	이론나 지침서는 참고만 해야 해. 내가 쓰는 느낌을 떠올려 요령 있게 지도해야 해.
글쓰기 지도책에 나온 대로 지도했는데 무언가 찜찜한 기분이 드는 이유는 무엇일까?	글쓰기 지도서는 어른들이 미리 만든 형식과 구성만을 제안해. 초등 글쓰기는 특정한 '갈래'로 분류하지 말고 자유롭게 해야 해.
글쓰기 지도책에 나온 대로 지도하니 어렵지는 않은데 왜 아이들 글은 살아 있는 느낌이 아닐까?	아이들이 살아 있는 글을 쓰려면 모든 틀을 벗어버리고 아이들과 글 대화를 하면서 글을 끌어가는 방식을 같이 찾아야 해.

다음은 글을 쓰지 않는 사람이 아이들 글쓰기 지도를 하면서 자주 하는 말입니다. 글을 쓰는 사람의 시선과 함께 비교해 보세요.

글을 쓰지 않는 사람의 말	글을 쓰는 사람의 시선
안 쓰고 뭐하니, 어서 쓰자.	⇨ 아이가 글에 담을 생각이 아직 정리되지 않았구나.
10줄이 뭐가 많다고 해. 금방 쓰니까 써 봐.	⇨ 쓰고 나면 별 거 아닌 10줄도 쓰기 전에는 부담이니 부담을 줄이도록 마음을 편하게 해 주자.
아까 가르쳐 준대로 써 봐.	⇨ 글은 방법대로만 쓸 수는 없어. 글에 담을 내용에 대해 대화를 더 해 보자.

아래는 글을 쓰지 않는 사람이 아이들에게 쉽게 요구하는 것과 글을 쓰는 사람의 생각입니다.

글을 쓰지 않는 사람이 아이들에게 쉽게 요구하는 것	글을 쓰는 사람의 생각
일기는 날마다 쓰는 거야.	⇨ 글을 날마다 쓴다는 것이 얼마나 어려운 일인지 알아. 아이와 대화해보고 결정하자.
독서록의 처음에는 '읽은 동기'를 쓰는 거야.	⇨ 독서록은 정말 다양한 형태로 쓸 수 있어. 내가 어떤 방식으로 썼는지 먼저 생각해 보고 지도하자.
10줄 이상 써.	⇨ 분량 제시는 참 의미 없는 일이지. 분량과 상관 없이 내용에 집중하자.

세 가지 표를 제시했습니다. 이해가 잘 되셨을까요?

이렇게 글을 쓰는 사람과 쓰지 않는 사람의 생각은 완전히 다릅니다. 게다가 글을 쓰지 않는 사람이 글쓰기 지도를 할 때 닥치는 난관이 한 가지 있습니다. 아이들이 글을 쓰다가 어떻게 써야 하는지 물었을 때 그 답이 지침서에 나오지 않은 것이면 알려주지 못하는 것입니다. 그래서 아이들이 쓰기 어려워하는 순간에도 지침서 내용만 반복해서 이야기해 주기도 합니다.

예를 들어 앞의 표에서 제시한 것처럼 독서록의 처음에는 '동기를 써 봐.'라는 말 등이지요. 그리고 아이가 '동기'가 없다고 하면 다른 대안을 제시해 주기 어려워합니다. 자신이 직접 독서록을 써 본 사람은 얼마나 다양한 글의 시작이 있는지 알기 때문에 다양한 방법을 전달할 수 있지만, 그렇지 않으면 지침서의 내용만을 참고할 수밖에 없으니까요.

초등 논술 선생님들이 간혹 학부모의 요구에 흔들린다는 말도 많이 합니다. 자신이 지도하는 방식이 맞다고 생각하는데 엄마들이 다른 방법을 제시하거나 요구하면 '내가 지도하는 방식이 틀렸는지' 돌아보게 된다는 고민입니다. 그렇게 하면 안 된다고 알고 있지만, 엄마들이 해 달라고 할 때마다 고민이 되거나 자신의 지도법에 조금이라도 의구심이 든다면 그건 정말 '아는 것'이 아닙니다.

직접 글을 쓰는 사람은 아이들의 글쓰기 지도를 하면서도 몸으로 체득한 기준을 가지고 있기 때문에 학부모가 어떤 반론을 제기해도 절대 흔들리지 않습니다. 흔들리는 이유는 체득해서 알게 된 것이 아니라 글쓰기 지도서 등을 통해 이론으로만 알고 있기 때문입니다. 이론으로 배워 아는 것으로만 지도하면 선무당이 사람 잡는다는 말처럼 오히려 아이들이 글을 더 못 쓰도록 지도할지도 모릅니다.

여기까지 읽으시고 부담을 느끼는 분들이 많지 않을까 조심스럽게 추측해 봅니다. 그래서 설명을 덧붙이고자 합니다. 초등 글쓰기를 지도하려면 '먼저 써야' 하는 것은 진리입니다. 그러니 그 부분은 양보하지 않고 가장 기본 조건으로 하고 싶습니다.

다만, 먼저 글을 써야 한다는 말에 부담을 느끼신다면 아마도 '글을 잘 쓰라'는 말로 오해했기 때문이 아닐까 합니다. 제가 주장하는 '글을 써야 한다'는 말은 말 그대로 '쓰라'는 말이지 '잘 쓰라'는 말이 아닙니다. 그저 '쓰는 것'입니다. 잘 쓴다는 기준이 모호한 것이기도 하지만 잘 쓰려면 우선은 써야 하니까요. 하나의 계단도 오르지 않고 바로 가장 위 계단까지 오를 수는 없는 노릇입니다.

저 또한 그저 쓸 뿐입니다. 글을 쓰고 나서 누구에게 보여주기 두려울 만큼 글을 잘 쓰지 못합니다. 하지만 그렇기 때문에 그저 쓰고 또 쓸 뿐입니다. 그렇게 '쓰면' 됩니다.

두려워하지 마세요. 하루 200자로 시작하면 됩니다. 200자 쓰기는 어렵지 않습니다. 무엇을 쓸 것인가도 염려하지 마세요. 초등학생 때 썼던 것처럼 일기 쓰기부터 시작하면 됩니다. 아이들에게 '하라'고 제시하는 글을 '먼저 써' 보아야 합니다.

저는 독서 지도를 해 오면서 몇천 부의 초등 논술 교재를 만들었습니다. 교재를 만들면 지침서도 마련해 놓아야 하기에 지침서도 제작했지요.

그러다 보니 본의 아니게 아이들이 써야 할 글을 미리 써 보았고 지금도 쓰고 있습니다. 독서록, 설명글, 시, 주장하는 글 등 초등 아이들이 배우는 글들을 썼습니다. 저 역시 그 과정에서 글쓰기를 많이 했고, 글쓰기가 어려운 아이들 마음을 이해하게 되었습니다. 어린 시절 글쓰기를 좋아했지만 잠시 멀어져 있던 제가 다시 글을 쓰게 된 시작이기도 했습니다.

오늘 바로 글쓰기를 시작해보세요. 글쓰기 지도가 한결 수월해질 것입니다.

글쓰기 두려움을 공유한
이들의 숙명, 글쓰기

모든 엄마가 요리를 잘하지는 않습니다. 그렇지만 요리를 해 온 시간과 경험이 있기 때문에 딸에게 요리하는 다양한 방식을 전수해 주곤 합니다. 요리를 잘하든 못하든 일단은 하므로 가능한 일입니다.

그렇다면 엄마에게 요리를 배운 딸들의 요리가 모두 엄마가 하는 그대로의 맛을 낼까요? 그렇지 않습니다. 처음에는 배운 대로 하겠지만 경험이 늘어나면서 자신만의 노하우가 생기기 마련입니다. 요리를 못하는 엄마에게 배워도 우선 기본을 배우고 나면 자신만의 방식으로 요리를 하게 되고 나중에는 엄마보다 더 잘하기도 합니다.

이것은 글쓰기 지도에도 그대로 적용됩니다. 수업을 마치고 나서 아이들 글을 읽어 보면 종종 놀랄 때가 있습니다. 저는 그저 길을 안내했을

뿐인데, 아이들이 자신만의 생각과 마음을 잘 담아 기대 이상, 혹은 예상하지 못한 글을 써내는 것을 보면 놀라움은 물론 감동이 느껴지기도 합니다.

글을 잘 쓰는 사람이 지도해서일까요? 그렇지 않습니다. 그저 하얀 종이가 두려운 마음을 이해하고, 저의 경험을 담아 다양한 방식을 제안했을 뿐입니다. 그러고 나면 엄마보다 요리를 잘하는 딸처럼 저보다 글을 잘 쓰는 아이들이 생기기 마련입니다. 요리를 못해도 일단 해 본 사람이 가르칠 수 있는 것처럼 글을 못 써도 일단 쓰는 사람이 가르쳐야 하는 이유, 충분하지 않을까요?

덧붙이고 싶은 말이 있습니다. 글쓰기 지도는 단순히 방법을 전달하는 것이 아닙니다. '잘하는 사람'이 '못하는 사람'에게 주는 가르침은 더욱 아닙니다. 글쓰기를 가르칠 수 있다고 생각하는 것은 어쩌면 교만입니다.

글쓰기의 두려움을 공유하는 두 사람 사이의 보이지 않는 끈, 먼저 두려움을 느껴본 사람이 자신의 글쓰기 경험을 최선을 다해 전해 줄 뿐입니다. 그 뒤에는 아이들에게 맡겨야 합니다. 아이들이 가진 거대한 우주, 그 안에서 나오는 글은 때론 어른들 글보다 훨씬 낫습니다.

그렇게 글쓰기의 두려움을 가진 어른과 아이들, 둘이 함께 풀어나가야 할 숙제이자 짊어지고 가야 할 숙명. 저는 이것이 초등 글쓰기 지도라 말하고 싶습니다.

글쓰기가 두렵다면
먼저 쓰기보다 함께 쓰기

독서 지도의 기본은 책 읽는 부모가 되는 것입니다. 글 잘 쓰는 아이를 위한 기본 또한 지도하는 이가 먼저 쓰는 것이라고 앞에서 말씀드렸지요. 하지만 책 읽는 부모가 되는 것도, 글 쓰는 부모가 되는 것도 쉽지 않은 일입니다. 읽고 쓰는 것이 어려워서가 아니라 습관이 들지 않았기 때문입니다.

그럴 때는 함께 쓰기를 권유합니다. 방문 독서 지도를 하던 시절, 일대일 수업을 하는 경우가 종종 있었습니다. 독서논술은 모둠 수업이 더 큰 효과를 거두지만 어쩔 수 없이 혼자 하게 되는 경우도 있으니까요. 그런데 문제가 있었어요. 일대일 수업을 하다가 아이가 글을 쓰는 시간이 되면 교사가 할 일이 없어집니다. 아이가 글을 쓰는 것을 물끄러미 바라보기도 그렇고 수업 시간이니 다른 업무를 볼 수도 없는 노릇이지요. 그래서 저는 아이와 함께 쓰기를 했습니다.

7세부터 5학년까지 저와 수업을 한 아이는 내내 일대일 수업을 했습니다. 수업할 때마다 저는 함께 글을 썼어요. 제가 함께 글을 쓴다는 사실만으로도 아이는 신기해했고 그 시간을 기다리기까지 했습니다. 아이가 특히 좋아했던 것은 찬반 의견이 담긴 글을 쓰는 날, 다 쓴 글을 저와 바꾸어 읽는 것이었습니다.

아이가 찬성 의견이면 저는 반대 의견을, 아이가 반대 의견이면 저는 찬성 의견을 담은 글을 써서 각자 발표도 해보았지요. 찬반 토론을 이겨야 하는 승부로 보며 흥분하는 여느 고학년 아이들처럼 그 아이도 찬반 토론을 무척 즐겨했습니다. 그리고 제가 쓴 글의 근거가 탄탄하다고 생각되면 귀여운 분노를 하면서 다음 주에는 자신이 더 잘 쓰겠다고 야무진 다짐을 하곤 했습니다.

이 아이의 글쓰기 실력이 어떠했을지는 말하지 않아도 알 것입니다. 무엇보다 잘 쓰려고 하는 의지가 강하다 보니 책도 더 열심히 읽었습니다. 책을 잘 읽는 것이 글쓰기에 도움이 된다는 것을 스스로 알고 있었기 때문이겠지요.

지도하는 이가 먼저 써야 한다는 말에 부담을 느끼셨을 거라 짐작합니다. 글을 쓰는 사람이 되는 것은 특별한 계기가 있지 않은 한 정말 어려운 일일지도 모르겠습니다. 다만 저처럼 이렇게 아이와 마주 앉아 함께 쓰기는 어렵지 않을 거예요. 우리 아이가 글을 쓰는 매 순간 같이 쓸 수는 없겠지만 가끔은 함께 할 수 있지 않을까요?

아이와 마주 앉아서 글을 쓰다 보면 조용한 와중에 울려 퍼지는 또각 또각 연필 소리가 그렇게 정겨울 수 없습니다. 아이가 밥을 먹을 때 혼자 먹게 하지 않고 마주 앉아 반찬도 숟가락 위에 얹어 주고, 도란도란 대화도 나누는 일, 함께 쓰기를 그 정도의 의미라고 생각한다면 조금 더 쉽게 다가설 수 있을 것입니다.

가정에서 시도하기 가장 쉬운 글쓰기는 아무래도 일기 쓰기일 것입니다. 모든 아이 교육이 그렇지만 엄마는 다른 일을 하면서 아이에게만 쓰라고 하면 아이는 연필만 꼭 쥔 채 끙끙대는 광경이 벌어질 거예요. 그래서 더욱 함께 써야 합니다. 무엇보다 '지도하는 사람이 먼저 써야 하는 이유'에서도 말했듯이 마주 앉아 같이 일기를 쓰다 보면 그 순간 빨리 쓰라는 말이 사라지게 됩니다. 빨리 쓰지 못하고 '뭘 써야 하지?' 고민하는 나 자신을 발견하기 때문입니다.

아이와 마주 앉아 함께 쓰는 시간은 아이에게도 행복감을 선사합니다. 부모가 아이와 마주 앉아 글을 쓴다면 아이가 어떤 기분일까요? 엄마는 어떤 내용을 쓰는지 궁금하기도 할 것이고 자연스럽게 대화도 하게 될 것입니다. 무엇보다 '함께 했던 일'을 소재로 하여 같이 쓴다면 상대방은 그 순간을 어떻게 느끼고 생각하고 있을지 알게 되어 재미있기도 하고 마음이 통하는 기분에 서로 더 사이가 좋아질 거예요.

이 과정을 반복하여 함께 쓰기가 자연스러워지면 그 외의 글쓰기도 함께 하시길 권합니다. 저는 수업 중에 여러 아이를 지도하기 때문에 늘 같이 쓸 수는 없다 보니 말로 읊어줄 때가 종종 있습니다. 아이들이 그날 글쓰기에 대해 전혀 감을 잡지 못하거나, '방법'을 알려주었으나 어려워하는 경우에 좋은 방법입니다.

예전에 '환경오염'을 주제로 글을 쓴 수업이 있었습니다. 글의 1문단에 '내가 자원을 낭비했던 경험'을 쓰기로 하였는데 아이들이 거의 한두 문장으로 짧게 써 버렸습니다. 예를 들어 '나는 불을 잘 안 끈다.'라는 한 문장으로 한 문단을 완성해 버리는 식입니다.

그래서 저는 자세히 쓰기를 돕기 위하여 아래의 내용을 읊어주었어요.

"선생님, 물 주세요!"

아이들이 논술 교실에 오면 물을 찾는다. 많은 아이들이 오고가는 곳이라 일회용 컵을 둘까 했지만 일회용품 사용을 자제하기 위해 플라스틱 컵을 두었다. 수업을 다 마치고 개수대에 가면 나도 모르게 어이쿠 소리가 나온다. 아이들이 한 번 사용한 컵들이 개수대에 가득 쌓여 있기 때문이다. 여러 아이들이 돌아가며 쓰는 컵이라 그냥 씻을 수는 없으니 세제를 사용한다. 그럼 헹구기 위해 물도 많이 쓰게 된다. 결국 물 마시느라 한 번 사용한 컵을 씻기 위해 날마다 물을 낭비하고 있다.

이렇게 읊어주고 나니 한두 문장으로 썼던 아이들도 자세히 풀어썼습니다.

"에휴~ 또 잘못 그렸잖아!"

오늘 그림을 그리는데 자꾸 망쳐버렸다.

'아이, 짜증나. 나도 잘 그리고 싶은데 왜 안되는 거지?'

그리고 망치기를 반복하다 보니 어느새 종이가 수북히 쌓여 있었다. 나는 그 종이를 분류배출하지 않은 채 그냥 쓰레기통에 모두 버렸다.

— 고양 성라초 박연주

아이는 원래 '나는 종이를 안 아낀다.'라고 한 문장으로 썼습니다. 그런데 제가 읊어주는 내용을 들은 뒤에 위 내용처럼 자세히 쓰게 되었습니다. '경험을 쓰라.'고 백 번 알려주는 것보다 어떻게 자세히 쓰는지 말로 읊어주는 것이 훨씬 효과적입니다. 만약 함께 쓰기가 어렵다면 이렇게 먼저 머릿속으로 글을 작성하여 읊어주는 것도 좋은 방법입니다.

함께 쓰기가 어렵다면 먼저 읊어주기 정도는 해보실 수 있으시겠지요? 그럼 오늘 일기 쓰기부터 바로 시작해보세요.

엄마 글쓰기의 시작,
내 아이 글 필사

아이와 함께 쓰기를 제안해드렸습니다. 그런데 아이와 함께 쓰다 보면 놀라운 변화를 경험하게 될 거예요. 그건 바로 아이를 위해서가 아니라 정말 글이 쓰고 싶어서 쓰고 있는 순간을 마주하게 된다는 것입니다.

어떤 글이든 글을 쓰면서 자신의 생각을 정리하는 습관을 들이다 보면 나의 상황과 감정, 생각을 글로 표현하고 싶은 욕구가 점점 커지게 되어 있어요. 이것이 바로 글쓰기를 유지하는 원동력이기도 합니다. 그때부터는 삶의 소소한 것들을 관찰하고 글감을 찾는 것이 자연스러워지기도 합니다. 다만, 그럼에도 불구하고 여전히 글쓰기가 어려우신 분들을 위해 엄마 글쓰기를 제안하고자 합니다. 그것은 바로 필사입니다. 그리고 필사할 글은 내 아이 글입니다.

필사는 말 그대로 베껴 쓰기입니다. 여러 목적이 있지만 좋은 글과 문장을 따라 쓰면서 필력을 키울 수 있고, 필사를 '최고의 천천히 읽기'라고 하는 것처럼 필사하면 책을 극도로 느리게 읽게 되는데 그 과정에서 책을 이해하는 힘과 사유가 커집니다.

그런데 필사를 한다고 하면 우리는 대체로 고전, 명작, 유명한 작가의 작품을 떠올리고는 합니다. 따라 쓰기가 생각보다 쉽지 않기 때문에 이왕이면 아주 좋은 작품을 선정하기 위해 심혈을 기울입니다. 책의 한 페이지만 하기도 하지만 때로는 책 한 권을 통째로 필사하기도 합니다. 심지어 10권 이상의 소설을 하기도 하지요. 필사는 분명 여러 효과가 있지만 이런 방식의 필사는 부담스럽습니다. 책 읽기가 부담스러운 분이라면 필사는 말할 것도 없겠지요. 그럴 때 좋은 방법이 있습니다. 그것이 바로 '내 아이의 글을 필사'하는 것입니다.

아이 글을 필사하라고 하면 웃는 이가 있을지도 모르겠습니다. 아이 글은 때에 따라 서툴고 어색한 부분이 많은데 왜 필사를 해야 하는지 의문이 들기도 할 것입니다. 그냥 눈으로만 읽어도 충분히 이해가 된다고 생각하시는 분도 있지 않을까 합니다.

저는 간혹 제가 지도하는 아이들 글을 필사하곤 합니다. 사실 필사라고 하기에는 적절치 않습니다. 한글 문서에 타이핑하는 것이기 때문입니다. 아이들의 글 모음집을 만들어주기 위해 몇 차례 해 보았습니다. 이 책에도 제가 지도하는 아이들 글을 몇 편 실었기 때문에 책을 쓰면서도 아이들의 글을 타이핑했습니다.

그 경험을 통해 저는 놀라운 깨달음을 얻었습니다. 아이 글을 옮기는 그 시간 동안 저는 그 아이에게 온전히 집중할 수 있었습니다. 그 아이의 모습이 떠오르고 행동과 말도 떠올랐어요. 눈으로 읽었을 때도 분명히 이해했다고 생각한 글인데 그렇지 않았습니다. 글을 쓰는 동안 그 글 안에 담긴 아이의 마음이 저에게 고스란히 전해져왔습니다.

눈으로만 읽고 보관해 두었던 글이 새롭게 다가오고, 아이의 마음이 다시 보이면서 제가 느낀 감정은 아이에 대한 미안함이었습니다. 아이 글을 읽는 데 1분이 걸렸다면 저는 아이의 마음을 1분밖에 생각하지 않은 것이라는 사실을 깨달았기 때문이지요.

글을 옮겨 쓰면 더 긴 시간이 소요됩니다. 문장을 써 내려가는 내내 자연스럽게 아이 마음이 떠올려지면서 웃기도 하고, 울기도 하는 저를 발견했습니다. 그때 아이가 했던 행동의 이유와 의미를 새롭게 알게 되었습니다. 온전히 한 아이에게만 집중할 수 없는 모둠 수업의 한계를 아이가 남기고 간 글이 해결해 준다는 것이 감사하게 느껴졌습니다. 글을 타이핑하지 않았다면 절대 몰랐을 거라 생각하니 하면 할수록 더욱 미안해졌습니다.

이는 제가 간혹 좋은 글을 필사하는 이유와 다르지 않습니다. 책을 읽다가 좋은 구절을 보면 옮겨 쓰고는 하는데요, 눈으로만 읽어도 다 이해했다고 믿었던 것인데 천천히 쓰는 과정에서 전혀 새롭게 이해되는 것이 저는 늘 놀랍습니다. 아이의 글 또한 마찬가지라고 강조하고 싶습니다.

다음 쪽에 아이의 글이 제시되어 있습니다. 옮겨 쓴다는 생각으로 천천히 읽어보시길 바랍니다. 이왕이면 다음의 빈칸에 옮겨 쓰기를 부탁드립니다.

나는 정민이랑 학예회를 할 때 "픽미픽미 픽미업 피구왕 통키"도 했었다. 2학년 6반 때 여자 친구 중에는 제일 친한 친구였다. 처음에는 조금 내가 말을 걸었다. 조금 어색했지만 이제는 쉬는 시간에 만날 때면 꼭 껴안고 되게 기쁘다.

— 고양 화수초 김주아

눈으로만 읽어도 충분히 이해가 되는 쉬운 글입니다. 아이에게 어떤 일이 있었는지, 어떤 감정일지 어렵지 않게 짐작이 되지요. 그런데 이 글을 필사하면 아이 마음이 더 깊이 이해가 됩니다.

첫 번째 문장을 옮겨 쓰면 '학예회 때 정민이랑 그런 일이 있었구나.'라며 아이에게 있었던 일을 알게 됩니다. 세 번째 문장을 옮겨 쓰면 우리 아이가 정민이에게 말을 걸었을 모습이 찬찬히 떠오릅니다. 네 번째 문장을 옮겨 쓰면 우리 아이가 정민이를 꼭 안고 기뻐하는 모습이 떠올라 흐

못할 것입니다.

그렇게 문장을 옮겨 쓰는 시간 동안 아이의 감정 안에 고스란히 머물러 있을 수 있으며 그런 시간이 누적될수록 아이를 더 이해하고 사랑하게 된다는 것은 두말하면 입 아프겠지요?

설명하기 위하여 아주 짧은 글을 예시로 들었지만 조금 긴 글을 옮겨 쓰다 보면 제가 하려는 이야기가 어떤 의미인지 단번에 이해할 수 있을 것입니다. 읽는 데 1분이 걸리고 필사하는 데 5분이 걸린다면 그 시간의 차이는 아이를 더 이해하고 사랑할 수 있는 힘의 차이입니다. 아이에게 있었던 일과 그 일로 인해 어떤 감정을 겪었는지를 아는 것이 사랑의 시작이라는 것은 너무도 잘 아실 거라 믿습니다.

아이 글을 필사해야 하는 이유가 한 가지 더 있습니다. 위와 같은 짧은 글을 옮겨 쓰는 것은 많이 힘들지 않습니다. 약 3문단 이상 되는 글을 옮겨 써 보세요. 그냥 옮겨 쓰기만 해도 팔이 아프고 체력소모가 심하다는 것을 알게 됩니다.

그대로 베껴 쓰기만 해도 충분히 느껴지는데, 그 글을 직접 생산해 낸 아이의 육체와 정신이 얼마나 힘들었을지 고스란히 느끼는 것만으로도 글쓰기 지도 방식이 달라질 것입니다. 무엇보다 아이 글을 함부로 평가하지 않게 된다는 것만은 확실합니다.

특히 직장을 다니는 엄마는 아이와 많은 시간을 공유하지 못하는 것에 때로 미안함을 느끼고는 합니다. 어쩔 수 없이 아이와 보내는 시간이 적을 수밖에 없는 엄마라면 아이 글을 필사해 보세요. 그 시간이 곧 아이를 느낄 수 있는 시간이 될 것입니다.

길게 설명했지만 그럼에도 불구하고 그냥 읽기만 해도 될 것을 굳이 필사까지 해야 하는지 궁금하신 분들이 분명 있으실 거예요. 의심은 행동을 저해합니다. 행동이 없으면 행복도 놓치게 됩니다. 의심이 든다면 속는 셈 치고 아이 글을 딱 세 편만 필사해 보세요. 그냥 읽는 것과 무엇이 다른지 확연히 느껴질 것입니다. 어쩌면 아이의 글을 필사한 뒤에 마음에 남은 생각을 한 편의 글로 남기고 싶어질지도 모릅니다.

마지막으로 한 가지 더 제안하고 싶습니다. 엄마의 필체로 옮겨 쓴 글을 아이가 볼 수 있는 곳에 슬며시 두어 보세요. 자신의 글을 정성스럽게 옮긴 엄마의 필체를 본 아이가 어떤 감정을 느낄까요? 아이의 신체에만 스킨십을 할 수 있는 것은 아닙니다. 아이의 글도 눈과 손으로 터치할 수 있습니다. 엄마가 옮긴 글을 본 순간, 실제 스킨십으로 느끼는 안정감과 사랑을 고스란히 느끼지 않을까요?

물론 아이가 보지 말라고 한 글을 필사하여 보이는 것은 삼가야 할 일입니다.

브레인 라이팅 기법을
활용한 함께 쓰기

브레인 라이팅은 독일의 베른트 로르바흐(Bernd Rohrbach) 교수가 창안한 아이디어 발상법입니다. 일명 6.3.5법이라고도 합니다. 6명의 참가자가 각자 3개의 아이디어를 5분 내에 적는 방식인데요, 한 장의 종이에 주제와 관련해 생각나는 의견, 혹은 아이디어를 쓰고 5분이 지나면 옆 참가자에게 종이를 전달합니다. 종이를 받은 참가자는 적혀있는 아이디어를 발전시켜서 추가로 3개의 아이디어를 적습니다.

	이름	의견 1	의견 2	의견 3
1	김 ○○			
2				

3				
4				
5				
6				

방식 : 1번 참가자가 어떤 주제에 대해 의견 1, 2 ,3을 적고 2번 참가자에게 종이를 넘깁니다. 2번 참가자는 그 내용을 토대로 더 확장된 의견을 적습니다. 이렇게 6번 참가자까지 모두 하면 여러 의견을 볼 수 있습니다.

이 기법을 잘 활용하면 아이들 글쓰기 지도에 도움이 됩니다. 글쓰기 수업을 할 때 보면 팀원 아이들이 모두 발표를 잘하지는 않습니다. 생각이 나지 않아 못하는 아이도 있지만, 굳이 말로 표현하고 싶어 하지 않는 아이도 있고 말로 표현하기 부끄러워하는 내향적인 아이도 있습니다. 그래서 말하기 중심의 진행은 다양한 아이의 특성을 수용하지 못할 때가 있습니다. 그럴 때 이 방식을 적절히 활용하면 글쓰기가 힘든 아이에게도 용기를 줄 수 있습니다.

다만 주의해야 할 점이 있습니다. 한 아이가 5분 동안 쓰기를 기다리는 동안 다른 아이들이 자칫 산만해질 우려가 있습니다. 1번 친구가 쓴 내용을 보고 생각을 확장하여 2번 친구가 쓴다는 전제가 있지만 조금 변형하여 각각의 친구가 따로 쓰고 모으는 것도 괜찮습니다. 종이가 한 장이기 때문에 각 칸의 크기와 같은 종이를 따로 준 뒤에 각자 쓰게 한 후 모아 붙이는 방식도 좋습니다.

꼭 6인이 아니어도 좋습니다. 대단한 주제일 필요 또한 없습니다. 표를
단순화시켜 어떤 주제의 글이든 활용해 보세요.

글로 대화하는 가족

현재 아이들 글쓰기 지도를 하는 세대는 글쓰기를 제대로 배워본 적이 많지 않을 것 같습니다. 글쓰기라는 말을 떠올리면 아마 학창시절에 종종 호국보훈 글쓰기나 국군의 날 군인 아저씨께 편지 쓰기 등을 떠올릴지도 모르겠습니다. 글쓰기가 어려운 이유 중 한 가지는 특별한 날에만 쓰는 것이 글쓰기라는 오해 때문인데요, 특히 이렇게 학교에서 때만 되면 했던 글쓰기가 부담되어서 글쓰기를 더 어렵게 느끼게 했을 거예요.

이제는 그 분담에서 벗어나 다시 글을 써 보면 좋을 텐데요. 글을 쉽게 쓰려면 평소 일상적인 소재의 짧은 글을 자주 써야 합니다. 그 방식 중 한 가지가 글로 대화하는 가족이 되는 것입니다. 이미 많은 가족이 글로 소통하고 있지요. 문자나 카카오톡을 통한 소통이 가장 많지 않을까 합니다. 요즘은 초등학생들도 스마트폰을 가지고 있는 경우가 많습니다. 부모와 아이 모두 바쁘다 보니 카톡 소통이 일상화되어있기도 합니다. 그런데 내용을 보면 아이의 스케줄 체크 등 아주 짧은 일상적인 대화만 간단히 오가는 경우가 많습니다.

통신 수단은 단순한 의사소통뿐 아니라 마음을 전달할 수 있게 돕습니다. 그러려면 부모가 먼저 더 깊이 있는 대화를 건네야 합니다. 말로 표현하기 힘든 마음을 편지로 쓰는 것은 더 부담되겠지요? 그럴 때 문자나 카카오톡을 활용해 보면 어떨까요?

대화의 주제는 다양할 것입니다. 우선 아이들을 학교에 보내고 난 후에 집에서 미처 나누지 못했던 이야기를 건네 보세요. 어느 가정이나 아침 시간이 분주할 텐데요. 아이가 등교하고 나서 오전 중 조금 여유 있는 시간에 마음을 전해 보세요. 가족끼리는 일상 대화 외 마음 대화를 나누는 일이 의외로 어려우니 글을 활용하면 좋습니다.

"아침에 몇 번을 깨웠는데 일어나지 않아 엄마가 너한테 화를 내고 말았네. 우리 아들 찡그린 얼굴로 나가서 엄마 마음이 불편하고 미안해. 네가 가고 나서 네 방을 청소하며 보니까 어제 공부하다 잠든 흔적이 있더라. 그거 보고 더 미안해졌어. 오늘 4시쯤 오지? 엄마가 너 좋아하는 김밥 싸 놓을게."

이렇게 문자로 마음을 나누는 것이 자연스러운 가정이라면 이내 손편지도 쓰게 될 것입니다. 그렇게 편지를 주고받는 것이 자연스러운 가정에서 자란 아이가 글을 못 쓸리는 없습니다.

초등 글쓰기
지도 실전

글을 쓰기 전 필요한 것
점검하기

　학부모에게 글쓰기는 꾸준히 해야 하고 단번에 실력이 늘지 않는다고 말씀드리면 대체로 수긍합니다. 그리고 먼저 책을 잘 읽어야 한다는 말에도 수긍합니다. 하지만 막상 수업이 시작되면 마음이 급한 엄마는 6개월, 그나마 조금 인내심이 있는 엄마는 1년쯤 되었을 때 비슷한 질문을 하고는 해요. '왜 논술 학원에 다니는데도 아이 글쓰기가 늘지 않느냐'는 질문입니다.

　누군가는 글쓰기를 인풋의 결과인 아웃풋이라고도 합니다. 저 또한 그 말에는 일부 동의합니다. 하지만 글쓰기는 빨대로 빨면 음료가 빨려 나오듯이 일방향적이거나 직행적이지 않습니다. 글쓰기는 상당히 복잡한 여러 과정을 거치는 결과가 아닌 과정이고, 글을 잘 쓰기 위해서는 많은 전제조건이 필요합니다.

우선 많은 책과 전문가들이 말하듯이 책 읽기가 우선이 되어야 합니다. 혹자는 입시 논술에서는 책을 많이 읽지 않아도 논술문 작성이 가능하다고 합니다. 일부 일리가 있는 말입니다만 우리가 글을 쓰는 목적이 입시만을 위해서는 아니지요. 이런 오해 때문에 입시 논술 제도의 변화에 따라 초등 논술 학원을 보내야 하는지 말아야 하는지 고민하는 웃지 못할 사태도 벌어지고는 합니다.

글쓰기의 전제조건으로 책 읽기를 말하는 이유가 문장력과 어휘력 향상 때문만은 아닙니다. 책을 읽으면 자신의 생각을 글로 표현하는 것이 타인에게 큰 행복감과 도움을 준다는 것을 깨달을 수 있기 때문에 책을 읽어야 합니다. 우리는 모두 쓰기 전에 남의 글을 먼저 읽습니다. 아이들도 어릴 때부터 책을 읽는데 그것이 곧 남의 글을 읽는 것입니다. 그 과정에서 즐거움, 재미, 행복감을 느끼곤 합니다. 이 행복감이 반복되면 자연스럽게 쓰기에 대한 욕구가 생깁니다. 내가 쓰는 글도 다른 이들에게 행복감과 도움을 줄 수 있다는 사실을 알게 되니까요. 읽으면서 쓰지 않는 사람은 있어도 쓰면서 읽지 않는 사람이 없다는 사실만 보아도 알 수 있습니다.

이렇게 읽는 것이 우선되어야 하는데, 그냥 읽는 것이 아니라 제대로 읽어야 합니다. 제대로 읽기가 안 되는 상태에서 글을 잘 쓰기를 바라는 것은 무리입니다. 실제로 글을 못 쓴다는 이유로 논술 교실에 오게 된 아이들과 수업을 해 보면 정작 문제는 쓰기가 아니라 읽기인 경우가 많습니다.

해당 학년 수준의 글을 이해하지 못하거나 대충 읽으면 안 되는 글을 대충 읽는 아이, 독서력 부족인 아이들이 많습니다. 글을 잘 쓰려면 잘 쓴 글을 많이 읽어보아야 하는데, 글 이해가 되지 않으면 잘 쓴 글을 제시해 준다고 해도 무용지물이 되겠지요.

쓰기의 기본 원리가 이론화되어 있기도 하지만 그 이론을 배우기 전에 잘 쓴 글을 많이 읽고 느끼는 것이 중요합니다. 다양한 글을 잘 읽다 보면 글이 어떻게 구성되고 어떻게 흘러가는지, 생각을 어떤 식으로 풀어쓰는지 자연스럽게 배우게 되거든요. 그래서 글을 많이 읽으면 다소 늦게 글쓰기를 시작하더라도 잘 쓸 가능성이 커집니다.

그다음에는 생각이 필요합니다. 초등 글쓰기에서 표현이나 기법보다 '내용'이 중요하다는 것은 당연한 상식입니다. 글을 직접 쓰지 않는 사람이라도 해도 알 거예요. 하지만 실제 초등 글쓰기 지도 현장에서는 이 부분을 간과한 채 아이가 왜 글을 못 쓰는지 이유를 찾지 못하는 경우가 많습니다.

아주 단순한 예로 '개 식용 문제'를 주제로 한 글을 쓴다고 가정해 보겠습니다. 개 식용 문제에 대해 자신의 생각이 없는 아이가 글을 잘 쓸리는 없습니다. 찬성이든 반대이든 자신의 입장과 그 입장에 따른 이유가 있을 거예요. 찬성 반대 입장을 담은 글이 아니라고 해도 글에는 자신의 생각이 담겨야 해요. 그 생각을 만드는 것이 우선입니다.

그다음은 생각을 말로 표현하는 연습이 필요합니다. 말을 잘하면 글도 잘 쓸 가능성도 높아집니다. 물론 말하기와 글쓰기를 담당하는 뇌의 영역은 달라서 말을 잘한다고 해서 글을 꼭 잘 쓰지는 않습니다. 다만 말을 잘한다는 것은 생각 정리를 잘한다는 뜻이기 때문에 글쓰기에도 필요한 생각 정리 능력이 있으므로 가능성이 조금 더 높아진다는 뜻입니다. 생각이 있어도 정리할 줄 모르면 글을 쓸 수 없습니다. 그래서 생각을 정리하는 방법 중 한 가지가 말을 잘하는 연습을 하는 것이지요.

말을 잘 하려면 일상 속에서 가족과 생각 말하기 연습을 자연스럽게 해야 합니다. 가족끼리 생각을 말하는 것이 자유로우려면 함께 있는 시간이 많아야 하고, 어떤 일이든 자녀와 함께 의논하는 것이 자연스러운 민주적인 가정이어야 합니다.

민주적인 가정의 예를 한 가지 들어보겠습니다. 얼마 전 저와 수업하는 중학교 1학년 학생이 저에게 고민 상담을 해 왔습니다. 이야기를 들어보니 이사를 앞두고 부모님과 의견 차이가 있어 어떻게 해야 할지 고민이라는 것이었습니다. 이사뿐 아니라 인테리어 문제를 두고도 부모님과 의견을 주고받으며 가정의 일을 하나하나 해결해가는 것을 보면서 참 민주적인 가정이라고 생각했습니다. 그 아이는 실제로 독서토론을 할 때도 자신의 의견을 잘 말하는 편입니다.

아이들이 부모에게 종종 듣는 말 중 하나가 '일단 하라는 대로 해, 다널 위해서 하라는 거야'라는 말입니다. 이 말처럼 무서운 말도 없습니다. 아이의 생각 자체를 차단하는 표현이기 때문입니다. 부모의 어떠한 제안에 대해 의문을 제기하는 아이의 말에 '너를 위한 거니까 일단 부모가 시키는 대로 하라는 것'은 생각을 하기는커녕 생각할 수 없는 사람이 되게 합니다. 논술 학원에 가서 발표력을 키우고 글쓰기를 배우기보다 민주적인 가정의 모습이 선행되어야 합니다.

정리하자면 아이들이 글쓰기에 익숙해지는 과정은 다음과 같습니다.

학년별, 단계별, 발단 단계에 맞는 책읽기
⇩
책읽기로 자신만의 생각이나 가치관을 만들어가기
⇩
자신의 생각을 말로 표현하는 연습하기
⇩
말을 문자로 옮기면서 말이 글이 되는 것을 체험하기
⇩
이를 반복하며 말이 글이 되는 것의 기쁨과 성취감을 마음껏 느끼기
⇩
자신만의 글쓰기 방식이 몸에 익도록 많이 쓰기
⇩
자신감과 감을 잃지 않도록 꾸준히 쓰기

생각은 숙성되고 발전되어야 합니다. 글을 지속적으로 써야 생각이 발전합니다. 위 과정을 반복하다 보면 글쓰기 실력이 느는 것은 시간 문제입니다.

우리 아이 글쓰기
방해요소 7가지

아이들의 글쓰기를 방해하는 요소가 생각보다 많습니다. 아이들이 글을 잘 쓰게 하려면 우선 그것들이 무엇인지 알아보고 제거해 주어야 합니다.

1. 집중력

우선은 아이의 집중력을 점검해야 합니다. 아이가 진득하게 앉아 글한 편을 못 쓰는 이유는 여러 가지이지만 그중 한 가지는 집중력 부족입니다. 수업하다 보면 쓸 거리도 있고 구상도 다 했으며, 어느 정도의 필력까지 있음에도 불구하고 집중력 부족으로 끝까지 쓰기 힘겨워하는 아이들이 생각보다 많습니다.

집중력 향상을 위해서는 지나친 영상 시청을 자제해야 합니다. 과도한 영상 시청은 생각의 고리를 놓치지 않고 글을 써야 하는 아이들의 집중력에 빨간 불이 켜지게 합니다.

2. 인내심

인내심도 중요합니다. 이는 위에 말한 집중력과는 조금 다릅니다. 집중력은 주어진 과제에 대해 일정 시간 이상 몰입할 수 있는 힘입니다. 반면 인내심은 그 이상의 것입니다. 집중력의 한계가 와도 꿋꿋이 참아내고 쓸 힘이지요.

인내심을 기르는 방법은 일상생활 속에 있습니다. 블록 쌓기를 하거나, 가지고 논 장난감을 정리할 때, 장난감 용기 뚜껑을 열려고 하는데 안 될 때, 그 밖에 아이 스스로 무언가를 하려고 하는데 잘 안 되어 끙끙거리는 모습을 보고 있다 보면 안쓰러워 도와주게 됩니다. 하지만 아이 스스로 끝까지 해낼 수 있게 돕는 것에서부터 글을 잘 쓸 수 있는 능력도 생겨납니다.

참고로 아이가 하기 싫어하는 일을 끝까지 억지로 하게 하는 것은 인내심에 도움이 되지 않습니다. 오히려 저항감과 반항하고 싶은 마음만 커지게 할 뿐이지요.

3. 정서적 안정

정서적 안정 또한 글쓰기에 필요한 요소입니다. 과도한 사교육과 잘못된 양육으로 정서가 불안한 아이들이 간혹 있습니다. 이런 아이들은 본인의 능력과 상관없이 마음이 편하지 않기 때문에 글을 쓰지 못합니다. 정서적 불안정은 앞 1번의 '집중력'과도 연결이 됩니다. 정서적으로 안정이 되어 있어야 집중력이 생기니까요.

글을 쓰다 말고 갑자기 다음 학원을 걱정하거나, 학원 숙제를 염려하는 아이들도 있습니다. 일과에 대한 부담이나 스트레스, 과도한 숙제로 인한 압박은 정서마저 불안정하게 만듭니다. 실제로 예전에 수업하던 한 아이는 제법 필력이 있음에도 불구하고 영어 숙제에 대한 부담 때문에 글을 대충 쓰고는 했습니다. 글쓰기를 대충 끝내고 남은 시간에 영어 숙제를 해도 되냐는 질문도 하고는 했지요. 영어 숙제를 못 하면 학원에서의 꾸지람, 엄마의 호통이 기다리고 있기 때문에 마음 편하게 글을 쓰지 못하던 모습을 보며 무척 마음이 아팠던 기억이 납니다.

4. 자존감 부족

자존감 부속 또한 빼놓을 수 없지요. 자존감이 부족한 아이들은 글쓰기는 고사하고 일상의 많은 부분에서 문제를 겪습니다. 자존감 낮은 아이가 공부를 못한다는 것은 누구나 상식처럼 알고 있기도 합니다. 이는 위의 정서적 안정과도 연결이 됩니다. 정서적으로 안정되지 못한 아이가 자존감이 높을 리는 없기 때문입니다.

앞에서 '마음이 건강한 아이가 글을 잘 쓴다.'고 언급한 바 있습니다. 어떤 일을 하든 결국 아이들은 마음이 건강하고 행복해야 합니다. 좋은 땅에서 식물이 반듯하게 잘 자라듯이 자존감이 높은 아이가 글도 잘 쓴다는 점을 꼭 기억해 주세요.

5. 자신감 부족

자신감 부족이 글쓰기에 미치는 영향은 생각보다 큽니다. 정말 많은 아이가 글쓰기 자신감 부족에 시달립니다. 글쓰기를 시작한 순간부터 글쓰기와 관련된 부정적 피드백을 많이 받았기 때문입니다. 이제 막 걸음마를 시작하는 아기를 더 잘 걸으라며 꾸짖지는 않죠. 아이들은 글쓰기 걸음마 단계에서 너무 많은 지적을 받고 있어요. 이것이 글쓰기의 자신감을 잃게 합니다.

6. 체력 부족

글쓰기에 정말 필요한 것 중 한 가지가 체력입니다. 긴 소설을 쓰는 작가에게만 체력이 필요한 것이 아닙니다. 원고지 몇 장을 채우는 아이들에게도 체력은 필요합니다.

저는 글을 쓰다가 갑자기 생각에 생각이 꼬리를 물어 앉은 자리에서 A4 용지 10장 이상의 글을 쓸 때가 있습니다. 아무것도 먹지 않고 자주 울리는 휴대폰도 무시한 채로 글쓰기에 매달립니다. 그런데 정말 안타까운 순간은 더 쓸 수 있는 내용이 있음에도 불구하고 체력이 부족하여 더는 쓰지 못할 때입니다. 글쓰기는 정신적 노동이면서 동시에 상당한 육체적 노동이거든요.

간혹 고학년 아이 중에서 6문단, 7문단 정도의 글을 구상해 놓았는데도 불구하고 체력 부족으로 뒷부분의 내용을 간단히 줄여 쓰는 경우가 있습니다. 쓰고 싶은데 너무 힘이 들어 더 못 쓰겠다고 할 때면 안타깝지만 글을 마무리하도록 합니다.

더구나 저의 경우 다소 편리한 방식인 PC로 글을 작성하지만, 아이들은 대부분 손으로 글을 씁니다. 손으로 글을 쓰는 것은 매우 힘든 일입니다. 원고지를 펴고 몇 장만 써 보시면 단번에 알 수 있습니다.

체력을 키우기 위해서는 우선 놀 시간, 잘 시간을 충분히 주어야 합니다. 물론 운동도 필요하지만, 아이들은 노는 것이 곧 운동입니다. 이는 비단 글쓰기 때문이 아니라 마음 건강한 아이로 자라기 위해 꼭 필요한 일입니다. 논술 학원에 왔는데 이미 앞의 학원 수업으로 지쳐 있고 뒤에 갈 학원 때문에 하루 피로를 이미 다 느낀 듯한 아이가 건강한 몸으로 글을 쓸 수는 없습니다.

7. 소근육 발달 부족

고학년의 경우 체력 부족이 글쓰기를 방해하는 요소라면 저학년의 경우에는 소근육 발달이 덜 되어서 글쓰기를 힘들어하는 경우도 많습니다. 글을 쓰다가 손이 아프다고 하는 아이들이 많은 것만 보아도 알 수 있습니다. 이는 연필 잡는 습관이 잘못되어 그런 경우도 있으니 그것과는 잘 구분해야 합니다.

저학년의 소근육 발달을 도울 방법은 많습니다. 가위질, 그림 그리기, 종이접기와 손으로 하는 놀이 활동, 밀가루 반죽, 손으로 하는 고무줄놀이, 손으로 하는 다양한 조작 활동 등입니다. 소근육 발달이 곧 뇌 발달로 이어지니 신경 써야 할 일입니다.

글쓰기의 기본은 질감이 좋은 잘 써지는 연필을 준비하는 것입니다.

그러나 이것은 그야말로 기본일 뿐입니다. 지금까지 말씀드린 7가지가 조화를 이루지 못하면 글쓰기도 어렵습니다. 즉, 아이들은 먼저 여유로운 삶 속에서 뛰어놀고 즐기며 행복해야 합니다. 그렇지 않은 아이들에게는 글쓰기는 의미가 없습니다.

위 7가지 중에서 우리 아이에게 시급한 것은 무엇인지 살펴보아 주세요. 글쓰기에 앞서 미리 점검한다면 도움이 될 것입니다.

학년별 글쓰기
특성 알기

아이들 글쓰기와 관련된 상담을 하다 보면 학년별 특성을 고려하지 않고 어른 기준의 온전한 글을 기대하는 경우를 많이 봅니다. 학년에 따라 성장하는 것이 아니라 어느 일정 시기에 일정 기간을 배우면 완성된다고 오해하기도 합니다. 글쓰기 지도를 바르게 하려면 학년별 특성을 먼저 알아야 합니다. 이를 안내하고자 합니다.

1, 2학년 : 자기중심적인 나이라서 글에 '나'가 많이 등장합니다. 주변인들과 함께 겪은 일도 자기 자신만 등장시켜 쓸 때가 많습니다. 과거와 현재의 개념이 부정확하여 이야기를 순서대로 쓰지 않고, 자기에게 인상 깊었던 것 중심으로 써 나가는 경향이 있습니다. 그래서 어른이 읽었을 때

글이 두서없다고 느껴지기도 합니다.

구체적 대상이 없는 '독후감' 같은 글을 어려워하기도 합니다. 추상적이기 때문입니다. 그래서 독후감을 쓸 때 책을 읽고 주인공에게 편지를 쓰는 것과 같은 '대상'이 있는 형태를 쓰도록 해 주시면 좋습니다. 다른 글도 대체로 구체적 대상을 설정하여 쓰도록 하면 조금 쉽게 쓸 수 있습니다. 예컨대, '떡볶이 만드는 법'에 대해 쓴다고 하면 '동생에게 알려주는 편지'형식으로 쓰는 것이지요.

3, 4학년 : 대상이 없는 글에 익숙해지기 시작합니다. 1, 2학년은 주로 일기나 생활글 등의 겪은 일을 쓰지만 3학년이 되면 설명글 등의 비문학 글을 쓸 수 있어요. 문단의 개념을 배우면서 3문단 정도, 4학년은 그 이상의 글도 쓸 수 있지만 강요는 하지 않는 것이 좋습니다.

이 시기는 아직 논리적 사고가 발달하지 않아서 자기주장을 담은 글은 쓰기 어려워해요. 쓴다고 해도 근거가 미흡하여 논리성이 떨어질 수 있습니다. 독서와 글쓰기 경험이 풍부하지 않으면 이 시기에도 문장을 어색하게 쓰거나 적절치 않은 어휘를 사용하기도 합니다. 어휘는 생각을 담는 그릇이므로 어휘력을 향상시킬 수 있는 책 읽기에 본격적으로 신경 써야 할 시기입니다.

5, 6학년 : 4문단 이상의 제법 긴 글을 쓸 수 있습니다. 논리적인 생각이 담긴 주장하는 글도 쓸 수 있습니다. 다만 이는 탄탄한 독서가 뒷받침되어야만 가능합니다. 많이 써 보아야 하고요. 생각을 발전시켜주는 토

론도 중요합니다. 글쓰기는 곧 엉덩이 힘이라는 말도 있듯이 독서 초보나 글쓰기 초보라면 3문단 정도를 쓰기도 쉽지 않으니 단계적인 것을 꼭 고려하셔야 합니다.

5, 6학년 이후에는 자신의 글을 고쳐보는 시도를 하는 것이 좋습니다. 글을 고치려면 자신의 글을 객관화시켜 볼 줄 아는 능력이 있어야 하는데 그것이 5, 6학년은 되어야 가능해지거든요. 결국, 그 전의 글 고치기는 교사나 부모의 주도하에 일방적으로 이루어지기 쉬우므로 주의해야 합니다.

위에서 학년별로 구분하였으나 초등학생은 대체로 자신의 글을 남이 본다는 것을 염두에 두고 쓰지는 않습니다. 예를 들어 저는 책을 쓰면서 책을 읽을 독자를 예상하여 선정한 후에 독자들이 읽을 것을 고려하여 씁니다. 그에 따라 문장이나 어휘, 표현 등이 결정되기 때문에 끊임없이 독자를 예상하여 써나가시오. 하지만 초등학생은 표현이나 낱말, 내용 등을 자기중심적으로 쓰게 됩니다. 그렇다고 그런 글을 못 썼다고 할 수는 없습니다. 그 나이에만 쓸 수 있는 글, 다시 돌아가지 못할 순간들을 소중히 여기며 즐겨주세요. 글쓰기 지도가 한층 더 즐거워질 것입니다.

학년별 글쓰기
적정 분량

아이들 글을 언뜻 보면 이 글이 잘 쓴 글인지 아닌지 판단하기 어려울 때가 있습니다. 분량 또한 어느 정도가 적당한지 가늠하기 어려울 때가 있지요. 그래서 학년별 글쓰기 적정 분량을 가늠할 수 있는 기준을 안내해 드리고자 합니다.

학년	적정 분량	한 문단 분량	글의 구성상
1학년	1문단	3문장~5문장	가운데만 1문단

2학년	2문단		가운데만 2문단
3학년	3문단	각 문단이 3문장~5문장	처음 1문단 가운데 1문단 끝 1문단
4학년	4문단		처음 1문단 가운데 2문단 끝 1문단
5학년	5문단	각 문단이 4문장~7문장	처음 1문단 가운데 3문단 끝 1문단
6학년	6문단		처음 1문단 가운데 4문단 끝 1문단

위 표의 내용 이해를 돕기 위해 부연 설명을 하려고 합니다. 우선 문장이 모이면 문단이 되고 문단이 모이면 글이 됩니다.

그리고 한 문단은 보통 3문장~10문장으로 이루어집니다. 한 문단은

'작은 한 편의 글'이기도 합니다. 그만큼 완성도가 높아야 합니다. 그리고 중심 문장과 뒷받침 문장으로 이루어져 있어요. 아래 글을 봐 주세요.

> 나는 떡볶이를 좋아한다.(중심문장) 떡볶이는 빨간색이라 색부터 먹음직
> 스럽다.(뒷받침 문장1) 그리고 맵기 때문에 먹으면서 스트레스가 날아간다.
> (뒷받침 문장2), 떡볶이 안에 있는 어묵이나 계란을 먹는 재미도 있다.(뒷받
> 침 문장3)

윗글은 한 문단입니다. 그리고 1개의 중심문장과 3개의 뒷받침 문장으로 이루어져 모두 4문장입니다. 앞의 표에서 한 문단의 분량을 최소 3문장으로 한 것은 윗글을 보아도 알 수 있듯이 뒷받침 문장이 최소 2개는 있어야 중심 문장을 보조할 수 있기 때문입니다.

그런데 한 문단의 분량이 10문장까지 가능하다고 말씀드렸지요? 윗글에서 떡볶이를 좋아하는 이유가 담긴 뒷받침 문장을 9개 쓸 수 있다면 총 10문장이 되는 것입니다. 그런데 또 저는 표에서 1학년~3학년은 한 문단의 분량을 3문장~5문장, 즉 5문장 이하도 가능하다고 썼습니다. 3학년까지는 아직 한 문단에 10문장까지 담기는 어렵기 때문입니다. 4~6학년은 한 문단의 분량을 4문장에서 7문장까지로 하였습니다. 아무래도 조금 더 필력이 생기고 담을 내용이 풍성해질 수 있어서 7문장까지는 쓸 수 있기 때문입니다.

결론적으로 간단히 말씀드리면 표에서 보시는 대로 1학년은 1문단, 2학년은 2문단.... 이렇게 학년의 숫자와 문단의 숫자가 같이 나아가면 된다

고 생각시면 됩니다.

한가지 더 생각해 볼 것이 있습니다. 1학년이 1문단, 2학년이 2문단의 글을 쓴다면 글의 기본 구성인 '처음-가운데-끝'의 형태를 갖추어 쓸 수가 없습니다. 따라서 아이들이 쓴 한 문단, 두 문단이 모두 글의 '가운데'가 되며, 가운데만으로 한편의 글이 될 수 있습니다.

아래 1학년 글을 보도록 하겠습니다.

최재영하고 체스했어요. 내가 이겨서 재미있었어요.

고양 한산초 1학년 염서진

서우랑 도서관에 갔어요. 내가 읽을 때 서우는 밥 먹었어요.

고양 화수초 1학년 박솔리

솔리랑 같이 운동장에서 놀았어요. 솔리가 너무 웃겼어요.

고양 화수초 1학년 정서우

위는 이제 막 1학년이 된 아이들이 3월에 쓴 글입니다. 1학년은 최소 3문장을 권했지만, 때에 따라서는 이렇게 두 문장이어도 아이들 마음이 잘 드러남을 알 수 있습니다. 이럴 때는 억지로 한 문장 더 써서 글이 어색해지는 것보다는 차라리 두 문장이 낫습니다.

위 표에서 제시한 분량이 절대적인 기준은 아닙니다. 글쓰기 대회나

시험에서 제시하는 것이 위 기준과 다를 수도 있습니다. 그럼에도 불구하고 아이들 글을 보고 전혀 가늠되지 않는 분들을 위해 대략의 기준을 제시할 것이니 참고만 해주세요.

특히, 고학년이라고 해도 글쓰기 경험이 적다면 위 기준만큼 쓰기 어려울 수도 있습니다. 글을 많이 써 보지 않은 6학년이라면 처음부터 6문단 쓰기를 지도하기보다 하나의 작은 글인 한 문단 쓰기부터 도전하도록 해 보세요.

첫 문장의 두려움
없애주기

각종 글쓰기 이론서에 보면 첫 문장이 중요하다는 이야기가 많습니다. 첫 문장이 글쓰기의 전부이며 그 글을 결정한다고까지 합니다. 읽히는 글, 좋은 글에 대한 일리 있는 주장입니다. 하지만 그 말은 곧 첫 문장에 대한 두려움으로 이어집니다. 그 두려움과 부담으로 선뜻 글쓰기를 시작하지 못하는 이가 의외로 많습니다.

거듭 강조하지만, 초등 글쓰기 지도를 할 때는 모든 이론을 버리고 접근해야 합니다. 우선, 첫 문장을 잘 쓰는 이는 누구일까요? 이미 글을 상당히 많이 써 본 능숙한 사람입니다. 완성도 있는 글을 잘 쓸 줄 아는 사람들이죠. 그들은 이미 글을 잘 쓰기 때문에 첫 문장, 더 나아가 첫 문단을 더 잘 쓰기 위해 노력하는 것이고 더불어 첫 문장이 중요하다고 하는 것입니다.

하지만 초등학생에게 첫 문장의 중요성부터 알려주는 것은 위험합니다. 아이들이 글에 멋을 부리게 될 수도 있을뿐더러 첫 문장의 부담 때문에 글을 쓰지 못할 수도 있기 때문이죠. 초등학생은 일단 자신이 쓰고자 하는 내용을 종이 위에 문자로 흩뿌려 놓는 것이 전부이자 가장 우선 과제라고 말했듯이 일단은 써야 합니다.

오히려 첫 문장을 가볍고 쉽게 써야 합니다. 첫 문장을 잘 써야 한다고 가르칠 것이 아니라 오히려 첫 문장 쓰기를 적극적으로 도와주어야 합니다. 잘 쓰라고 하지 않아도 이미 첫 문장 쓰기는 누구에게나 부담되는 일이니까요.

그렇다면 어떻게 도와주어야 할까요? 아이가 쓰고자 하는 글에 어울리는 '첫 문장'을 제시해 주세요. 그래도 어려워하면 아예 '첫 문단'을 제시해 주세요. 그리고 그다음부터 아이가 이어가도록 해 주세요.

첫 문장을 제시하고 이어 쓰는 글

우선 첫 문장 제시에 대해 더 자세히 설명하려고 합니다. 이 방식은 글쓰기 자체에 두려움이 있는 아이에게 적합한 방법입니다. 또는 처음 시작을 유독 어려워하는 아이에게도 좋습니다. 글감 찾는 것 자체를 어려워하는 아이에게도요. 아래의 예시를 봐 주세요.

학원은 없어져야 한다.
엄마가 스마트폰을 사 주셨으면 좋겠다.

내 동생이 없어졌으면 좋겠다.

위 문장을 아이에게 제시하고 글을 이어 쓰게 해 보세요. 위 문장들은 글의 전체 주장이나 주제가 되기도 합니다. 임팩트 있는 문장이기 때문에 첫 문장 제시만으로도 아이는 뒤의 이야기를 비교적 수월하게 이어갈 수 있습니다.

다만 위 방법은 아이가 스스로 글감을 정하고 글의 내용을 구상하는 것이 아니기 때문에 한계도 있습니다. 첫 문장에 따라 수동적으로 쓸 수 있다는 것이지요. 그래서 첫 문장을 제시해 주는 이런 글쓰기를 할 때는 여러 가지 문장을 제시한 후에 쓰고 싶은 것을 골라 쓰게 하는 것이 좋습니다. 그래야 자신과 관련 있는 글감을 찾아 비교적 수월하게 쓸 수 있습니다.

예컨대, 위 세 문장을 제시해 주고 한 가지를 골라 글을 이어 쓰라고 해 보면요, 평소에 스마트폰을 가지고 싶어 했던 아이는 아마 그 문장을 고를 것입니다. 그리고 정말 스마트폰이 갖고 싶을 테니 자신의 마음을 담아 잘 쓸 수 있을 겁니다.

아이가 쓰려고 하는 글의 첫 문장 제시

첫 문장 제시의 또 다른 방식이 있습니다. 아이가 쓰고자 하는 글감을 스스로 결정한 후에 그 글에 아울리는 첫 문장을 제시해 주는 것입니다. 이 방식도 첫 문장을 제시해 준다는 점에서 원리는 위와 같습니다.

생각보다 많은 아이들이 전체 글의 내용을 구상해 놓고도 어떤 문장으로 시작해야 할지 몰라 '처음에 어떻게 써요?'라고 묻습니다. 그럴 때 아이가 쓰고자 하는 전체 글의 내용을 지도하는 이가 글 대화로 모두 숙지한 후에 글에 어울릴만한 첫 문장을 몇 가지 제시해 주면 좋습니다. 그럼 아이들이 연필에 날개를 단 듯 글을 써나가기도 합니다.

예를 들어보겠습니다.

〈아이와 나눈 글 대화〉
한 아이가 오늘 동생하고 싸운 일을 쓰겠다고 합니다. 동생이 자신의 장난감을 망가뜨렸는데 그 장난감은 아이가 무척 아끼던 것이었습니다. 아이는 화가 나서 동생을 때렸습니다. 그때 들어오신 엄마는 자신을 나무랐고 결국 아이는 동생이 미워 사라져버렸으면 좋겠다는 생각을 합니다.

위와 같은 글 대화를 나누었다고 해 봅시다. 아이에게 글을 써 보자고 하면 아이에 따라 '어떻게 시작해요?'라고 물을 수 있습니다. 그럴 때 여러 가지 첫 문장 예시를 제시해 주세요. 윗글에 어울리는 첫 문장은 어떤 것이 있을까요?

1. '빠직' 무언가 망가지는 소리가 났다.
2. 학교에 다녀온 나는 못 볼 것을 보고 말았다.
3. 나는 동생이 너무 밉다.
4. 나에게는 정말 아끼는 장난감이 하나 있다.

이런 문장들이 아이 글에 어울릴 것입니다. 여러 가지를 제시해 주면 아이는 한 가지를 골라 자신이 쓰기 편한 방식으로 글을 이어나갈 것이고요, 첫 문장의 두려움을 느끼는 것이 아니라 첫 문장 덕분에 자신감을 얻을 수도 있습니다. 이 방법을 활용할 때도 유의해야 할 점이 있습니다. 아이가 글을 어떻게 써나가려고 하는지 정확히 파악하지 않고 '글감'만 대략 아는 상태에서 지레짐작으로 제시해 주지 말아야 한다는 점입니다.

또 한 가지 유의할 점이 있습니다. 아이가 '책을 읽어야 한다.'라는 주제로 글을 쓴다고 가정해 보겠습니다. '대한민국 초등학생들의 월평균 독서량이 점점 줄어들고 있다.'라는 첫 문장을 제시해 주면 어떻게 될까요? 아마 '그다음 문장은 어떻게 써요?'라고 질문할 것입니다. 이런 질문이 나오는 이유는 뻔합니다. 그 첫 문장은 '제시해 준 사람'이 글 전체를 어떻게 끌어갈지, 첫 문단에는 어떤 내용을 담을지 구상했기 때문에 쓸 수 있는 문장입니다. 즉, 지도하는 사람의 글쓰기 사고 체계에 맞는 첫 문장이라는 뜻이시요.

저 역시 글을 쓸 때 어느 정도 내용이 다 구상되었기 때문에 첫 문장을 쓰고 그다음부터는 일필휘지로 써나가는 편입니다. 그런데 지도하는 사람의 머릿속을 모르는 아이에게 위와 같은 첫 문장을 제시해 준다면 아이는 전체 흐름을 모르니 다음 문장을 물을 수밖에 없을 것입니다.

어쩌면 정말 당연한 이야기인데도 언급하는 이유가 있습니다. 아이들 글쓰기 지도를 하면서 이런 실수를 생각보다 많이 하기 때문입니다. 아이가 연필만 잡고 선뜻 글쓰기를 시작하지 못하니 지도하는 사람은 섣불리 자기가 생각한 글의 첫 문장을 제시해 줄 때가 있습니다. 그럼 아이는 그다음 문장도, 또 그다음 문장도 물어볼 수밖에 없고 그것이 곧 글쓰기 전쟁으로 번지게 됩니다. 글쓰기의 주체는 아이라는 것을 꼭 기억해야 합니다.

첫 문단 제시해 주기

글쓰기에 대한 부담이 있는 아이라면 첫 문장도 어렵지만, 첫 문단도 어렵습니다. 특히 종이에 대한 부담이 크면 '이 종이를 다 채워야 하나?' 라는 두려움에 쓰기도 전에 힘이 빠질 수도 있습니다. 그럴 때는 아예 첫 문단을 제시해 주는 것도 하나의 방법입니다.

이 역시 아이가 글에 담을 내용을 대략 구상했다는 전제하에 이루어져야 합니다. 자신이 무엇을, 어떻게 쓸지 알고는 있는데 첫 문단을 어떻게 써야 하는지 어려워하는 경우를 말합니다. 지도하는 사람은 아이와 충분히 글 대화를 나눈 후 그 글에 어울릴만한 첫 문단을 짐작하여 알려 주면 됩니다.

첫 문장과 첫 문단 쓰기를 돕는 법을 제시해 드렸는데요, 가장 좋은 것은 아이가 말한 것을 '그대로' 쓰게 하는 것입니다. 힘들어도 스스로 문장을 써 보는 것이 더 바람직합니다. 첫 문장, 첫 문단 제시는 그조차 어려워하는 아이일 경우에 시도하시라는 의미이니 상황에 따라 적절히 활용해 주세요.

아이들은 스토리텔링의 대가,
이야기 짓기의 창조자

사람들은 대체로 이야기를 좋아합니다. 그래서 끊임없이 듣거나 말하지요. 드라마를 보는 것, 소설을 읽는 것, 남의 이야기나 연예인 이야기를 하는 걸 즐기는 것을 보면 사람들이 얼마나 이야기를 좋아하는 알 수 있습니다.

옛날에 사람들이 신발에 오줌을 누면서까지 방정환 선생님의 이야기를 놓치지 않으려 했다는 일화도 사람들이 얼마나 이야기를 좋아하는지 잘 보여줍니다. 수업 중 간혹 책을 읽어주면 아이들 또한 푹 빠져 듣습니다. 이 또한 이야기를 좋아하는 인간 본성을 잘 나타내주는 사례 중 한 가지입니다.

이렇게 이야기를 좋아하기에 때로는 창조도 합니다. 소문이 점점 크게 퍼지는 이유가 그것입니다. 영희가 철수를 좋아한다는 이야기가 다음 날 결혼했다로 급진전되는 것 또한 인간이 창조할 수 있는 존재이기에 가능합니다.

전해 들은 이야기를 그대로 전하는 것도 창조로 가는 시작입니다. 인간은 자신의 사고 체계나 경험, 지식을 바탕으로 이야기를 듣기 때문에 들은 이야기를 100% 똑같은 내용으로 전달할 수 없습니다. 그래서 의도하지 않아도 다르게 전달하게 됩니다. 그러다 보면 창조가 되는 것이지요. 거의 모든 아이는 이미 이야기를 창조한 경험이 있습니다. 부모 마음에 들지 않는 일을 하고는 자신도 모르는 사이에 거짓말로 꾸며대는 것, 그것이 창조의 시작입니다. 꿈을 꾼 것을 현실과 혼동하여 이야기하기도 하는데 그것도 창조의 일환입니다. 그림책을 좋아하지만, 글을 모르는 아이는 그림을 보고 이야기를 지어내기도 합니다. 무서워하는 동생을 달래려고 즉흥적으로 재미난 이야기를 지어내는 아이도 있습니다. 이렇게 아이들은 알게 모르게 이야기를 지어내는데 이것이 모두 창조입니다.

이것을 종이 위에 활자로 옮기면 그것이 글입니다. 이야기를 유독 좋아하는 아이 중에는 스스로 동화 작가가 되어 글을 쓰는 아이도 있습니다. 나름대로 인물, 사건, 배경을 설정하여 재미있는 이야기를 만들어가고는 하는데요. 이야기를 창조하는 것의 기쁨을 알고 있기에 가능한 것이지요.

어쩌면 이런 글쓰기가 먼저 시도되어야 합니다. 그 어떤 이야기도 글이 될 수 있습니다. 따라서 어른들은 아이들의 이러한 이야기 지어내기

본능을 자극해 주어야 합니다. 그럼 훌륭한 글이 나옵니다. 자기가 창조해 냈다는 사실만으로도 아이들은 흥분합니다. 그것이 다시 자극제가 되어 이야기 짓기 능력은 성장합니다.

그래서 제가 아이들과 종종 하는 활동이 있습니다. 설명해 보려고 합니다.

1. 릴레이 동화 쓰기

이야기를 지어내기는 하지만 손으로 글을 쓰기 싫어하거나 길게 지어내기에는 아직 글 구성 능력이 부족한 아이들과 하면 좋습니다. 말 그대로 여러 명이 모여 돌아가며 한 문장씩 써서 한 편의 이야기를 지어내는 활동입니다. 첫 문장은 어른이 제시해 주어도 좋고 아이들이 스스로 쓰게 해도 좋습니다.

▶ 활동 방법
① 모인 사람 수만큼 종이를 준비합니다. 2명이면 2장, 3명이면 3장이 필요합니다.
② 각 사람 앞에 종이를 한 장씩 둡니다.
③ 자신 앞에 있는 종이에 모두가 이야기의 첫 문장을 짓습니다. 내가 겪은 일을 쓴다고 생각하고 지어도 좋고, 동화의 첫 문장처럼 지어도 좋습니다.
④ 첫 문장을 쓰면 옆 사람에게 종이를 전달합니다. 종이를 받은 사람

은 그 다음 문장을 지어 연결합니다.

⑤ 이야기가 완성될 때까지 종이를 돌려가며 이야기를 짓습니다.

⑥ 이야기가 모두 완성되면 각자 한 편씩 선택해 글에 어울리는 제목을 짓습니다.

▶ 진행 팁과 이해

• 이야기가 너무 산만해지거나 맥락 없이 흐르지 않도록 중간에 어른이 끼어서 하는 것도 좋습니다.

• 아이들의 어휘력 키우기를 위해 어른이 짓는 문장에는 살짝 어려운 낱말을 넣어도 괜찮습니다. 예를 들어 '철수는 난감했다.' 라는 문장을 쓰면 다음 이야기를 지어야 하는 아이가 '난감' 이라는 낱말의 뜻을 물을 수도 있습니다. 뜻을 설명해 주면 아이는 이해하고 그에 맞는 다음 문장을 쓰겠지요. 이 과정에서 어휘력이 증가합니다.

• 인원수만큼의 종이를 준비해 인원수만큼의 이야기를 짓는 이유는 한 가지 이야기만 지으면 글을 쓰는 사람 외 나머지 인원이 할 일이 없어 분위기가 산만해지고 긴장감이 떨어지기 때문입니다.

• 첫 문장 지어내기를 어려워할 경우에는 첫 문장이 쓰인 종이를 준비해 나누어 주는 것도 좋습니다. 흥미롭고 호기심을 자극하는 문장이면 더 좋겠지요. 예를 들어 '3학년 민수가 오늘 사라졌다.' 와 같은 문장이겠지요.

- 앞에서도 말했듯이 다른 사람이 쓴 문장에 모르는 어휘가 있으면 다음 내용을 쓰기 위해 물어볼 수밖에 없으므로 어휘력이 상승합니다.

- 이 활동을 하다 보면 자신 앞에 계속 이야기 종이가 오기 때문에 활동하는 동안 몇 편의 이야기를 번갈아가며 읽어야 합니다. 이 과정에서 읽기 능력도 상승합니다.

- 여럿이서 이야기를 짓다 보면 글 한 편이 순식간에 만들어집니다. 하지만 동시에 여러 편을 쓰기 때문에 개인이 쓰는 양도 결코 적지는 않습니다. 부담없이 이야기를 완성할 수 있기에 글쓰기 자신감이 생깁니다.

- 게임하듯이 진행이 되기 때문에 아이들이 글쓰기라는 행위를 즐겁게 받아들입니다. 이 또한 글쓰기 자신감으로 연결됩니다.

다음은 4인이 돌아가며 지어낸 이야기입니다. 『짜장 짬뽕 탕수육』(김영주, 재미마주)이라는 책의 내용과 비슷하게 첫 문장을 만들어 제시해 주었더니 아이들이 재미있는 이야기를 만들었습니다. 다 쓰고 난 후 아이들은 '종민이의 새 옷'이라는 제목을 지어주었습니다.

⇩

중국집 아들 종민이가 서울 학교로 전학을 왔어요.

그런데 종민이는 학교 생활을 잘 하지 못했어요.

종민이는 학교 생활이 싫었어요.

왜냐하면 애들이 계속 거지라고 놀렸기 때문이에요. 종민이는 문득 자신의 옷차림이 깔끔하지 않다는 것을 알아차렸어요.

그래서 종민이는 속으로 '내일부터는 옷을 깔끔하게 입고 와야지' 라고 생각했어요.

그래서 다음날 종민이는 영어 학원을 가야 하지만 쇼핑센터로 바로 갔어요. 그런데 돈이 없었어요.

눈 앞에는 멋진 옷들이 많았지요. 종민이는 갈등을 했어요. 그런데 돈이 없어 주인께 공짜로 달라고 했어요. 하지만 주인은 조건을 걸었지요.

"다음 번에 2배로 갚아라."

종민이는 갈등을 했지만 결국 옷을 외상으로 사고 말았지요.

그래서 진짜 이래야 되는지 말아야 되는지 고민했어요.

집에 도착하니 엄마가 오자마자 영어 학원에 왜 안갔냐고 화를 냈어요.

종민이는 외상으로 옷을 샀다고 고백했어요. 그랬더니 엄마께서 그냥 지나가셨어요.

종민이는 다행이라고 생각했어요. 그러나, 엄마는 회초리를 준비하고 있었어요.

하지만 한편으로는 좋은 옷을 사주지 못한 것이 미안하였지요. 그래서 다음부터는 옷이나 다른 것을 살 때 꼭 말을 하고 사라고 하였어요.

엄마는 쇼핑센터에 가서 돈을 2배로 주고 종민이의 새 운동화도 사왔어요.

종민이 엄마는 종민이한테 사과를 하고 종민이도 엄마께 죄송하다고 말씀드렸어요. 그리고 다음날 학교에 가서 마음껏 뽐냈습니다.

2. 재미있는 동화 한 구절(또는 앞의 일 부분)을 적어놓고 이어 쓰게 하기

릴레이 동화 쓰기와 비슷한 활동입니다. 다른 점이 있다면 실제 작품의 첫 부분에 이어 쓴다는 것이에요. 이 활동 역시 쓰여진 내용 다음부터는 아이들이 돌아가면서 써도 좋고 혼자 써도 좋습니다.

다음은 이어쓰기 좋은 동화의 첫 부분입니다. 다음 내용이 궁금해지는 내용으로 정해야 아이들도 재미있게 씁니다. 이미 알고 있는 동화보다는 내용을 모르는 동화가 좋지만, 아이가 원한다면 알고 있는 동화도 괜찮습니다. 한 가지만 정해주기보다는 여러 가지를 제안해 주고 고르게 하면 더욱 적극적으로 할 거예요. 특히 아이 스스로 책장에 가서 골라 보라고 하면 책장의 책들을 꺼내 보는 효과가 생겨 좋습니다. 이어지는 내용이 궁금해질 만한 동화 세 편의 앞부분만 예로 들어 제시해 보겠습니다.

저학년	돌이네 흰둥이가 똥을 눴어요. 골목길 담 밑 구석 쪽이에요. 흰둥이는 조그만 강아지니까 강아지똥이에요. 『강아지똥』(권정생, 길벗어린이)
중학년	여우 아저씨는 책을 좋아했어요. 좋아해도 아주 많이 좋아했어요. 그래서 책을 끝까지 다 읽고 나면, 소금 한 줌 툭툭 후추 조금 톡톡 뿌려 꿀꺽 먹어치웠지요. 이렇게 여우 아저씨는 책에서 지식도 얻고 허기도 채울 수 있었어요. 하지만 여우 아저씨는 워낙 식성이 좋아서 먹어도 먹어도 여전히 배가 고팠어요. 『책먹는 여우』(프란치스카 비어만, 주니어 김영사)

"아빠는 도끼를 들고 어디 가시는 거예요."

아침 식탁 차리는 일을 거들며 펀이 엄마에게 물었다.

"돼지우리에. 어젯밤에 돼지가 새끼를 낳았어."

"그런데 왜 도끼를 들고 나가세요?"

계속해서 묻고 있는 펀은 이제 겨우 여덟 살이다.

"으응, 새끼 한 마리가 무녀리(한배 새끼 가운데에서 맨 먼저 태어난 새끼)란다. 무녀리는 너무 작고 약해서 제 구실을 못하거든. 그래서 아빠가 그걸 없애려는 거야."

펀은 빽 소리쳤다.

"없앤다고요? 그걸 죽인다는 거예요? 다른 것들보다 작기 때문에요?"

『샬롯의 거미줄』(엘윈 브룩스 화이트, 시공주니어)

3. 아이가 읽은 책 제목 연결하여 이야기 짓기

아이가 읽은 책이 있을 것입니다. 저는 아이들에게 매월 독서 달력을 기록하기를 권유합니다. 달력에 읽은 책의 제목을 읽은 날짜에 기록하는 것입니다. 제목만 기록해도 1년 치를 모으면 아이의 훌륭한 독서 역사가 되니 꼭 기록하시기를 권합니다.

이렇게 아이가 쓴 책의 제목을 한눈에 볼 수 있는 독서 달력을 보고 이야기를 지으면 재미있는 글이 됩니다. 독서 달력에 기록하지 않았다면 읽은 목록은 정리한 후에 보고 써도 됩니다. 제목을 그대로 넣어도 좋지만, 이야기 흐름이나 특성에 따라 조금 변형해도 상관없습니다. 읽은 책 제목을 모두 넣을 필요 또한 없습니다.

책 제목만 훑어보아도 전체 이야기 흐름의 힌트를 얻을 수 있어서 생각보다 수월하게 이야기를 만들 수 있을 것입니다.

다음은 제가 예시로 작성한 독서 달력과 달력 안에 적힌 책 제목을 이어 동화로 만들어 본 것입니다.

일	월	화	수	목	금	토
					1	2 자석 총각 끌리스
3	4	5	6 잔소리 없는 날	7	8	9 화요일의 두꺼비
10 잘못 뽑은 반장	11	12 엄마 왕따	13	14 내 인생의 빛나는 멘토	15	16
17	18 짜장 짬뽕 탕수육	19	20	21	22 아드님 진지드세요	23
24	25	26 지구의 주인 흙	27	28	29	30

오늘도 엄마의 잔소리로 하루가 시작된다. 일어나라는 말을 열 번도 더 하셨다. 사실 내가 늦게 일어나지만 그래도 듣기 싫다. **잔소리 없는 날**이 있었으면 좋겠다는 생각으로 눈을 비비고 겨우 일어났다. 그런데 엄마는 째려보시면서 비꼬는 말투로 '**아드님, 진지드세요**'라고 하셨다. 얼른 먹고 학교 가라는 뜻이다.

이런 순간마다 지혜롭게 피할 수 있는 **내 인생의 멘토**가 있다면 어떨까.

잠시 상상해 보지만 불가능할 것 같다. **엄마**를 **왕따**시킬 수는 없으니 내가 잘하는 수밖에.

➡ 위 독서 달력에 기록한 책 제목 중에서 4가지를 활용한 일기글입니다. 실제 자신의 경험이 담긴 일기 같은 글이어도 위의 방식으로 하면 재미있고 아이들도 더 흥미롭게 쓸 수 있으니 활용해 보세요.

4. 책장에 꽂힌 책 제목을 연결하여 이야기 짓기

책 제목을 이어 이야기를 지어도 좋은 이야기가 된다는 것을 아셨을 거예요. 하지만 꼭 아이가 읽은 책의 제목으로만 할 수 있는 것은 아닙니다. 어느 가정이나 책장에 책이 있지요? 그 책의 제목을 보고 이야기를 지어도 좋습니다. 군이 책을 빼내지 않고 책등에 적힌 제목만을 보고 지어도 됩니다.

이 활동을 하다 보면 재미있는 모습을 보게 됩니다. 제목만 보고 이야기를 쓰다가 내용이 궁금해지는지 책을 펼쳐 보는 모습이죠. 글도 쓰고 책도 읽는 일석이조의 효과를 거둘 수 있으니 참 좋은 활동입니다.

〈예시글〉

"소금이 꼭 필요해!"

엄마가 요리를 하시다가 소금이 떨어졌다며 슈퍼에 갖다오라는 심부름을 시키셨다. 혼자 가기 싫어 **형이랑 나랑** 갔다. 가는데 갑자기 하늘이 어두워지더니 천둥번개가 쳤다.

"어, 기후가 왜 이래요?"

나는 외쳤다. 형은 괜찮다면서 나를 달랬다.

소금을 겨우 사고 집에 급히 가는데 갑자기 옆의 나무가 쓰러질듯 흔들렸다. 주변을 둘러보니 다 피했는지 아무도 없이 우리만 덩그러니 남아있었다. 우리는 **신도 버린 사람들**인가?

집에 겨우 와서 밖을 보며 나는 외쳤다.

"두고보자, 우리를 무서움에 떨게 한 커다란 나무!"

가짜 공부에 지친 아이들,
글쓰기로 정리하기

　요즘 아이들의 일과를 보면 마음이 아픕니다. 학교에서 긴 시간을 앉아 있는데 방과 후에도 여러 학원을 전전하며 공부에만 열중합니다.

　공부에 쏟아붓는 시간과 비용에 비해 아이들의 학업 성취도는 별로 높지 않다고 합니다. 많은 부모가 아이의 좋은 성적과 미래에 비용을 투자하는 것이 아니라 열심히 하다 보면 좋은 결과가 나올 것이라는 자신의 희망에 대한 비용을 지불하고 있는 것은 아닌지 생각해 봅니다.

　많이 배우는데도 아이들의 학업 성취도가 높지 않은 이유는 매우 간단합니다. 많이 '배우기만' 하기 때문입니다. 시간이 흐를수록 주입식이 아닌 진화된 다양한 형태의 교육 방식이 등장하고는 있지만 아직 우리나라 교육 분위기는 대체로 가만히 앉아 '듣는' 교육입니다. 예습도, 복습도 하지 않고 무작정 듣습니다. 학교에서도 듣고 학원에서도 듣습니다. 중고등은 인터넷 강의도 듣습니다. 무언가를 쓰는 것 같아서 보면 어김없이 문제를 풀고 있을 뿐입니다.

좋은 공부란 무엇일까요? 그 거대한 주제에 대하여 언급할 수 있는 깜냥은 되지 않기에 길게 풀 수 없으나 한 가지 분명한 것은 그저 듣기만 하는 공부는 공부가 아니라는 것입니다. 공부를 잘 하려면 지식을 잘 받아들였는지 정리하고 점검할 시간이 있어야 합니다. 그 정리하는 방법 중 한 가지가 바로 글쓰기입니다.

글을 쓰다 보면 내가 쓰려고 하는 주제에 대해 '잘 알고 있는 것인지' 혹은 '안다고 착각한 것인지' 구분할 수 있게 됩니다. 저 역시 글을 쓰는 이유 중 한 가지는 제가 안다고 생각하는 것을 정리하면서 정말 아는 것인지 점검하기 위함입니다.

배운 것을 글로 정리해 보아야 하는 또 한 가지 이유가 있습니다. 우선 아는 것을 글로 정리를 해 보아야 새로운 지식이 들어올 체계가 잡힌다는 것입니다. 서랍 정리를 떠올려 보면 이해가 쉬울 거예요. 정돈되지 않은 서랍을 열면 우선 보기 좋지 않습니다. 그 안에 어떤 물건을 어떻게 넣어야 하는지도 헷갈리지요. 물건을 넣는다고 해도 다른 물건들처럼 정돈하지 않은 채로 대충 넣게 될 것입니다.

그런데 그 서랍을 정돈해 보면 의외로 자리가 많이 남습니다. 크기대로, 혹은 모양대로 일정한 기준을 두고 정리하니 같은 양의 물건이 담겨 있어도 자리 여유가 생기는 것이지요. 그래서 새로운 물건을 넣을 수 있게 됩니다.

이것이 지식의 정돈과 같은 이치입니다. 지식을 마구 집어넣는 공부만을 반복하면 많이 아는 것 같지만 어느 하나 제대로 알지 못하는 상태가 됩니다. 머릿속도 서랍과 같아서 지식을 체계적으로 정돈해야 새로운 지식이 들어올 자리가 생깁니다. 그 지식이 어느 부분에 자리 잡아야 하는지도 정해지기 때문에 공부를 더 적게 해도 효율적일 수 있는 것입니다.

또한, 글을 쓰면 내가 어느 정도 아는지 확인이 되기 때문에 공부의 기준이 생깁니다. '내가 정말 모르는 것이 무엇인지 정확히 알고' 그 부분에 집중한 공부를 해야 하는데, 일부 아이들은 그저 모든 지식을 같은 강도로 공부를 하니 아는 건 더 잘 알게 되고 모르는 건 계속 모르는 상태로 지냅니다.

하나의 예를 들어보겠습니다. 아이들과 역사 수업을 하고 난 후에 '고조선의 멸망 과정'을 서술하는 글을 써 보도록 했습니다. 글을 쓰면서 아이들이 '안다'고 생각했던 것 중의 일부는 정말 아는 것이 아니었음을 확인하게 되었습니다. 그리고 나서 고조선의 멸망 과정에 대해 서술된 책 일부를 다시 읽게 했습니다. 그랬더니 아이들은 방금 글을 쓰면서 어려웠던 부분을 자신도 모르는 사이 집중해서 읽고 있었습니다. 그 후에 다시 글을 쓰니 훨씬 완성도 있는 글이 되었습니다.

글을 쓰면 질문하는 힘이 길러지기에 그 또한 지식의 습득에 도움이 됩니다. 아이들에게 어떤 지식을 설명해 주고 나서 "알겠어요?"라고 질문을 하면 대부분 알겠다고 합니다. 질문이 있으면 해 보라고 해도 거의 질문하지 않습니다. 그럴 때 글을 쓰라고 하면 질문이 쏟아집니다.

아이들과 '선사시대의 생활 모습'에 대해 글로 정리를 한 적이 있습니다. 아이들이 분명 다 안다고 하였습니다. 책을 읽었고 이야기를 나누었으니까요. 영상도 보았고요. 그런데 막상 글을 쓰라고 하는 순간 아이들의 질문이 쏟아졌습니다.

선생님, 신석기 사람들이 어디에서 살았다고 했어요?
청동기가 뭐라고 하셨죠?
구석기 사람들이 사냥한 게 맞아요?

이런 사실 확인 질문부터 시작하여

선생님, 근데 움집 작지 않아요? 몇 명이나 살 수 있어요?
선생님, 빗살무늬토기는 왜 아래가 뾰족하게 생겼어요?

이러한, 배우지 않은 내용이나 혹은 배웠어도 그보다 더 심층적인 내용에 대한 질문을 쏟아냅니다.

막상 쓰려고 하니까 모르는 내용이 있어 그것을 확인하기 위해 질문하기도 하지만 무엇보다 '움집 작지 않아요?'와 같은 질문은 스스로 탐구심을 길러 지적 욕구를 갖게 되는 질문이므로 새로운 지식 습득 차원에서 상당히 의미 있습니다.

이렇듯 글을 써야만 아이들은 지식을 자기 것으로 만들 수 있습니다. 무작정 배우고 암기하고 문제를 푸는 아이는 지식을 제대로 알지도 못할 뿐더러 안다고 해도 제한적 지식만을 갖게 됩니다. 교과서 안의 지식은 소중하지만 전부는 아닙니다. 더 많은 지식은 책 읽기를 통해 얻을 수 있습니다. 더구나 지금은 지식의 양보다 그 지식을 습득할 수 있는 능력이 더 중요하며 앞으로 점점 더 그럴 것입니다. 그래서 학교 성적이 좋다고 좋아하는 부모를 보면 행복해하는 부모의 마음이 이해가 되면서도 세상을 잘 살아나갈 폭넓은 지식을 함양해 주는데 소홀한 모습에 마음이 아프기도 합니다. 달달 외워서 시험 점수만 잘 받는 지식은 이제 의미가 없는걸요.

조금 더 구체적인 예를 들어보려고 합니다.
아래는 '화산과 지진'이라는 책을 읽고 아이가 쓴 글입니다.

과학 독서 일기

2016년 6월 23일 날씨 : 마그마처럼 뜨거운 날
'부글부글 땅 속의 비밀 화산과 지진' 을 읽고
꼭 무섭지만은 않은 화산과 지진

요즈음 학교에서 화산과 지진이라는 내용으로 공부를 한다. 화산은 땅속에 있던 마그마가 위로 솟아오르는 것이다. 또 화산분출물이 쌓여 만들어진 산이라고도 한다. 그리고 지진은 판과 판이 만나 서로 부딪치고 밀면서 생기는 충격 때문에 땅이 흔들리는 것을 말한다.

그런데 이 책에서는 학교에서 배운 것과 다르게 조금 더 자세하게 나와 있었다. 모르는 단어도 많았다. 가장 기억에 남는 단어는 맨틀이다. 맨틀은 지각과 핵 사이의 부분으로 지하 약 35km부터 2900km까지를 말한다. 또 지구에서 가장 많은 부분이라고 한다. 그리고 열점은 뜨거운 마그마가 솟아오르는 곳이다. 원래 마그마는 판의 경계에서 잘 만들어지는데, 이 밖에도 마그마가 솟아오르는 곳이 또 있다.

이 책을 읽고 나서 화산과 지진은 꼭 무섭다는 편견이 없어졌다. 뜨거운 땅 속의 열을 이용하는 지열 에너지로 인해 전기도 만들 수 있고, 농작물을 키울 수도 있다. 그래서 무조건 무서워하기보다는 긍정적으로 생각하는 면도 있어야겠다고 생각했다.

고양 화수초 오승리

4학년 1학기 과학에서 '화산과 지진'에 대해 배우는 시기에 맞추어 이 도서로 수업하며 작성한 글입니다. 과학도서는 지식이 담겨 있기 때문에 새로 알게 된 지식을 정리하는 글쓰기를 종종 하는데요, 이 아이는 책을 통해 학교에서 배운 것보다 더 많은 지식을 알게 되었습니다. 그리고 글을 쓰면서 더 깊이 있게 지식을 정리할 수 있었습니다.

이 아이가 나중에 화산과 지진과 관련된 더 어려운 책을 읽게 된다면 분명 이미 가진 지식이 있으니 그 체계에 맞추어서 새로운 내용을 잘 받아들일 것입니다. 글쓰기를 하며 지식을 잘 정돈시켜 놓았으니까요. 이것이 글쓰기를 통한 진짜 공부 방법입니다. 그저 외우고 풀어 익히는 지식은 오래 가지 않습니다. 글쓰기를 통해 지식을 정리하는 습관을 들여 주세요.

윗글은 책을 읽고 쓴 거라 부담이 있을 수 있습니다. 아이들이 오늘 수업 시간에 배운 것을 정리하는 '학습 일기'로 시작하는 것도 좋습니다. 아이들은 날마다 학교에서 학습을 하기 때문에 이미 소재는 있는 것이니 어렵지 않게 쓸 수 있습니다.

다음은 학습 일기에 담으면 좋은 내용입니다. 과목을 막론하고 적용할 수 있습니다. 쓰면서 그림이나 도표도 그려 넣을 수 있는 자유를 허용해 주세요. 그 과정에서 아이들은 아마 정말 아는 것과 모르는 것을 구분할 수 있을 것입니다.

학습 일기에 담을 내용

오늘 배운 내용 정리 (상세하게)

흥미롭거나 새로 알아서 좋았던 점

이해가 잘 되지 않았던 점

이해가 안 되는 부분을 보완하기 위한 방법이나 노력에 대한 다짐

사명감으로
글을 쓰게 하라

독서 지도 선생님들은 독서교육에 대해 학부모에게 하고 싶은 말이 많다고 합니다. 비단 독서 지도 선생님뿐 아니라 모든 직업인이 그럴 것입니다. 고객은 전문가가 아니므로 '자주 하는 질문'이나 '오해'가 있기 마련인데요. 그런 이야기를 계속 듣다 보면 하고 싶은 말이 많을 수밖에 없을 거예요.

그럴 때마다 글로 정리하는 습관이 있는 저는 저도 모르게 권유하곤 합니다. '지금 말씀하신 내용을 많은 학부모가 보도록 블로그나 기타 열린 공간에 쓰시면 좋을 것 같아요.'라는 다소 부담스러운 권유지요. 이 말을 건네면 열에 아홉은 고개를 절레절레 흔들면서 안 한다고 합니다.

공개까지 하기에는 내 의견이 적절한지 새삼 고민을 하게 된다는 것이 가장 큰 이유입니다. 그래도 논술 선생님인데 글쓰기 실수가 보일까 봐 염려된다는 걱정도 합니다. 그런데 가만 이야기를 나누어보면 가장 큰 이유는 따로 있는 듯합니다. 학부모들이 독서교육이나 글쓰기 지도에 대해 오해하고 있는 내용을 '나의 시간과 노력'을 들여서 굳이 글로 써야 하는지 의아한 것입니다. 모두가 그렇지는 않지만, 그 의아함이 '사명감' 결여에서 비롯되지 않나 생각해 봅니다.

글을 쓰는 일은 상당한 지적 노동이다 보니 사명감이 없으면 정말 불가능합니다. 학부모 상담을 하면서 말로는 해도, 굳이 나에게 직접 학생을 맡기지 않는 엄마들에게까지 말하고 싶을 만큼의 사명감이 없으면 쓰기 싫은 것은 당연한 일입니다. 그 사명감 결여가 '글을 못 쓴다.' 거나 '시간이 없다.'는 핑계로 둔갑할 뿐이겠지요.

그렇다면 아이들도 '사명감'이 있어야 글을 쓸 수 있다는 것을 자연스럽게 이해하셨겠지요? 아이들이라고 해서 '사명감'이 없지는 않습니다. 동물 보호에 관심이 많은 제 조카가 청소년 토론대회를 앞두고 사명감에 불타올라 저에게 연설문 쓰기를 도와달라고 했다는 이야기, 기억하시나요? 물론 이렇게 사회적 문제에 대한 관심과 열정만을 사명이라 하지는 않습니다.

그렇다면 아이들이 사명감을 갖고 관심을 두는 주제는 무엇일까요? 그것을 찾으려면 아이들과 대화를 많이 해야 합니다. 아이마다 분명 자기가 꼭 하고 싶은 말, 쓰고 싶은 글은 있습니다. 다만 아이들은 일단 '글쓰기'가 싫기 때문에 없다고 할 때가 있습니다. 그래도 인내하며 대화를 해보아야 합니다. 이것이 글쓰기 지도를 하는 이의 기본자세기도 합니다.

아이들이 사명감을 바탕으로 쓰고 싶은 글의 소재를 떠올리게 하는 좋은 방법은 자신의 '주변 사람'을 떠올리게 하는 것입니다. 가장 가까이는 가족이 있겠지요. 엄마나 아빠, 혹은 형제자매에게 꼭 하고 싶은 말, 그 사람을 위해 해 주고 싶은 말을 떠올리게 해 보세요. 아이들도 가족에 대한 사랑이 있기 때문에 그 사람을 위해 해 주고 싶은 말이 있을 테니까요.

다음은 아이들이 사명감을 가지고 쓸 만한 주제들입니다.

가족의 구성원으로서 사명감을 가지고 쓸만한 글

- 아빠, 건강을 위해 담배를 끊어주세요.
- 동생아, 큰길가에서 킥보드를 타는 것은 너무 위험해 보여.
- 엄마, 밤에 늦게 주무시면 건강에 좋지 않아요.
- 누나, 나쁜 말을 하는 친구들과 놀지 않았으면 좋겠어.

학교의 학생으로서 사명감을 가지고 쓸만한 글

- 교장 선생님, 학교 앞 도로가 너무 위험해요. 신호등을 설치해 주세요.
- 우리반 친구들아, 계단에서 뛰면 너무 위험해. 걸어 다녔으면 좋겠어.
- 초등학생에게 일기 쓰기를 강요하지 말아주세요.

사회 문제에 관심을 가지고 쓸만한 글

- 아동 학대는 제발 멈추어 주세요.
- 미세먼지를 해결해 주세요.
- 유기견 문제를 해결해 주세요.

'사명감'을 가지고 글을 쓰게 한다는 것이 무엇인지 아시겠지요? 주의할 점은 아이들이 관심을 보이지 않는 주제로 억지로 쓰게 하지는 말아야 한다는 것입니다. 예컨대, 환경 보호에 관심이 없는 아이에게 환경 문제에 대한 주장을 담은 글을 쓰게 하지 말자는 것입니다. 쓰기 욕구가 생기는 글이 아니니 지겨울 것이 뻔하기 때문입니다. 써야 한다면 글을 쓰기 전에 우선 문제의식을 느끼도록 하는 데 노력을 기울여야 할 것입니다.

금지된 글을
쓰게 하라

학창 시절 비밀 일기장이 있었던 사람이 꽤 있을 거예요. 누구에게도 보여주고 싶지 않은 글을 쓴 적도 있을 것입니다. 저 역시 비밀 일기장이 있었습니다. 일기장에 가까운 친구에게도 말하기 힘든 고민을 끄적이곤 했습니다. 친구와 비밀 편지도 주고받았습니다. 함께 좋아했던 선생님의 이야기가 주를 이룬 편지였기에 우리 둘 외에는 아무에게도 보여줄 수 없었지요.

아이들도 자신만 볼 수 있는 금지된 글을 쓸 기회가 있어야 합니다. 그렇다면 금지된 글을 써야 하는 이유는 무엇일까요? 아이들은 금지된 글을 쓰면서 카타르시스를 느낍니다. 그 감정이 글쓰기를 지속시킵니다. 글쓰기 열정에 더 불을 지피기도 합니다.

불행 중 다행인 것일까요. 아이들이 글을 쓰다가 종종 하는 말이 있습니다. "이 글 엄마가 보면 안 되는데 어쩌면 좋죠?"라는 말이지요. 그럴 때면 저는 학부모에게 보지 말아 달라고 부탁드리곤 합니다.

그렇다면 아이들이 타인에게 보여주고 싶지 않은 글은 어떤 내용일까요. 아마 아래와 같은 내용의 글이 아닐까 합니다.

- 부모님에 대한 부정적인 감정을 솔직하게 담은 글
- 이성 친구를 좋아하는 마음을 담은 글
- 나만의 진지한 고민을 담은 글
- 타인에 대한 감정과 생각을 솔직히 표현한 글

『부숭이는 힘이 세다』(박완서, 게림북스쿨)라는 책이 있습니다. 이야기 초반, 주인공 아이는 '어린이가 어른에게 하고 싶은 잔소리'라는 제목의 글을 씁니다. 어떻게 보면 아이들 입장에서는 이것도 금지된 글일 수 있습니다.

처음에는 어른들에게 혼날까 봐 망설일 수도 있습니다. 하지만 어떤 내용을 담을지 이야기를 나누다 보면 아이들은 점점 흥분하여 망설이지 않고 글을 쓰기 시작합니다. 마음은 앞서고 할 말은 많아 논리성이 다소 떨어지기도 하지요. 하지만 정말 열과 성을 다해 쓰는 모습을 보고 있노라면 자기가 쓰고 싶은 글을 쓰는 것이 얼마나 중요한지 새삼 느끼고는 합니다.

아이들에게 금지된 글을 쓰게 하려면 어른들의 용기가 필요합니다. 선생님이라면 '선생님에게 하고 싶은 잔소리'라는 주제로, 엄마라면 '엄마에게 하고 싶은 잔소리'라는 주제로 글을 쓰게 해 보세요. 어른들은 때로 아이들이 어떤 불만이 있는지 빤히 알면서도 외면하려고 하는지도 모릅니다.

나의 못난 모습, 부족한 모습이 문자화되는 순간 낯 뜨거울지 모르지만 문자화되지 않는다고 사실이 달라지는 것도 아닙니다. 금지된 글을 쓰게 하는 것이 아이들 글쓰기를 위한 일일지도 모르나 어쩌면 어른의 모습을 되돌아보게 하는 일이기도 할 거고요.

2015년에 잠깐 이슈가 되었던 '잔혹 동시'를 기억하시나요? 어린이가 쓴 『솔로 강아지』(이순영, 가문비)라는 제목의 시집이 출간되었습니다. 실린 시 중에서 '학원가기 싫은 날'이라는 시의 내용에 대해 한동안 의견이 분분했습니다. 학원가기 싫은 날에는 엄마를 잡아먹겠다는 내용의 시였는데 표현이 상당히 구체적이며 잔인한 장면을 떠올리게 하는 내용이었기 때문이지요.

이 시의 표현에 대해 옳고 그름에 대한 이야기는 논외로 하겠습니다. 중요한 것은 시를 읽고 아이를 '정신 이상'으로까지 표현하며 원색적 비난을 퍼붓는 일부 어른들의 모습이었습니다. 하지만 어른들은 시집 한 권을 전부 읽어보거나 진지한 접근 없이 표현의 잔인함만을 이야기하며 무조건적인 비난을 했습니다. 이런 사회 분위기 속에서 아이들이 금지된 글을 쓸 수 있을까요? 자기표현을 자유롭게 할 수는 있을까요? 우리는 아이들의 생각과 삶을 통제하는 것을 넘어서 표현의 자유, 감정 분출의 자유까지 통제하고 있지는 않은지 생각해 보아야 할 것입니다.

쓰고 싶어서 쓰기 전에 숙제라는 형태로 글쓰기를 시작하는 아이들이 금지된 글을 쓰기는 쉽지 않을 수 있습니다. 그래도 최대한 자신만의 글을 쓸 수 있는 분위기를 만들어주는 것이 어른들의 역할이 아닐까 합니다.

글쓰기 좋아하게 만드는
소소한 노하우

요즘 아이들이 책을 안 읽는 이유는 단순합니다. 스스로 재미를 느끼기도 전에 주어진 너무 많은 책과 책을 읽게 하기 위한 과도한 시도 때문입니다. 아이들이 공부를 싫어하는 이유도 단순합니다. 필요성을 느끼거나 결핍이 생기기 전에 이미 과도한 공부 자극이 주어지기 때문이지요.

그렇다면 글쓰기를 싫어하는 이유도 짐작했을 것입니다. 왜 써야 하는지 모르는데 주어지는 글쓰기 관련 숙제가 일차적 원인일 거고요. 발달 단계상의 능력보다 더 잘 쓰기를 요구당하기 때문이기도 합니다. 비교적 글쓰기를 좋아하는 아이도 글을 쓰다가 막상 팔이 아프거나 힘들면 뒤의 내용은 급히 마무리해 버리는 경우도 있습니다.

그런 아이들이 글쓰기 성취감을 느끼고 '스스로 쓰고 싶게 만들려면' 약간의 노하우가 필요합니다. 저 또한 오랫동안 글쓰기 지도를 해 왔지만 아이들 스스로 글을 쓰고 싶게 만드는 것이 여간 힘든 일이 아님을 늘 느낍니다. 아래에 그 소소한 몇 가지 방법을 제시합니다.

1. 칸이 큰 종이를 준다

줄 노트와 칸 노트 중에 더 좋은 것은 칸 노트입니다. 일명 '깍두기공책'이라고도 하지요. 원고지도 좋지만, 원고지는 그 자체로 무거운 느낌이 있기 때문에 시중에서 쉽게 살 수 있는 칸 노트가 좋습니다. 또는 한글 문서로 간단히 작업해도 좋습니다. 칸 노트를 권하는 이유는 아이들에게 글쓰기 성취감을 주기 때문입니다. 칸 노트는 줄 노트에 비해 많지 않은 양을 써도 한 장이 금방 채워집니다. 그래서 처음 종이를 보면 '이것을 다 채워야 하나?'라고 생각하는 아이들도 한 장이 금방 채워지는 경험을 통해 '글쓰기 별거 아니네.'라는 생각을 하게 됩니다. 칸은 클수록 더 좋습니다. 종이가 더 금방 채워질 테니까요. 소소한 노하우지만 의외로 좋은 효과가 있으니 꼭 시도해 보세요.

2. 종이 여백에 그림을 많이 넣어준다

1번과 비슷한 노하우일 수 있습니다. 종이에 예쁜 스티커를 붙여주거나 여백을 많이 두어 글을 쓸 부분을 줄여주세요. 아무것도 없는 하얀 종이는 그 자체로 공포가 되어 글쓰기 자신감을 줄어들게 합니다. 저는 학년이 낮을수록 글쓰기 종이에 예쁜 그림을 넣거나 여백을 많이 둡니다. 종이를 받는 아이들이 '예쁘다'는 말을 하는 것과 '아, 언제 채우지?'라는 말을 하는 것의 차이는 생각보다 큽니다.

3. 시간을 제한하여 쓰게 한다

저는 글쓰기 지도를 할 때 종종 모래시계를 활용합니다. 저학년은 글 한 편을 쓰는 시간을 정해주고, 게임을 하듯 쓰게 합니다. 고학년의 경우에는 '한 문단 쓰기' 내기를 하기도 합니다. 정해진 시간 안에 한 문단을 완성하는 방법인데요. 고학년의 경우 보통 5분 모래시계를 활용하여 5분간 200자 정도를 채우게 하면 적당합니다. 게임 후에는 간단한 보상도 해줍니다.

다만 이 방식은 게임에서 이기기 위해 대충 쓸 수도 있다는 단점이 있으니 상황을 고려해서 하거나 이변에 대한 대안도 마련해서 해야 합니다.

4. 글쓰기 종이에 간식 사진을 담는다

어른들이 초등학생이 쓴 글의 내용을 보고 칭찬하는 경우가 있습니다. 하지만 저는 글의 내용에 칭찬해서는 안 된다고 생각합니다. 칭찬하면 아이는 칭찬을 받은 특정 표현만 반복해서 쓰거나 칭찬받기 위한 글을 만들어내는 일이 발생하기 때문입니다. 그리고 이런 마음을 갖는 순간 글쓰기의 본질이 훼손되기 때문에 장기적으로는 아이가 더 글을 못 쓰게 됩니다.

　내용에 대한 칭찬은 삼가야 하지만 글을 쓰는 것은 분명 힘든 행위이니 그 수고에 대한 칭찬은 필요합니다. 저는 글쓰기 종이의 마지막 부분에 '열심히 글을 쓴 너에게 코코아 한 잔' 등의 문구를 종종 넣습니다. 아이들이 그 코코아를 마시기 위해 글을 쓰지는 않지만 다 쓰고 나서 마시는 코코아가 수고한 아이들을 응원해 줍니다. 물론 종이에 쓴 간식을 실제로도 주어야 합니다.

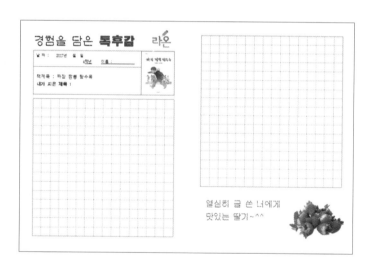

5. 짧게 쓰도록 유도한다

학년이 올라가면서 아이들의 글 분량이 늘어납니다. 물론 그냥 늘어나지는 않습니다. 글을 구성하는 능력을 배우며 꾸준히 쓰다 보면 늘어나지요. 그래서 아이들 글쓰기 지도를 하다 보면 본의 아니게 하게 되는 말이 있습니다. '너무 짧아, 조금만 더 쓰자.'라거나 '오늘은 지난번보다 더 써야 한다.'는 말입니다.

그 말을 들은 아이들은 이미 부담을 느낍니다. 차라리 말을 바꾸면 어떨까요? "오늘은 조금만 쓸 거야. 딱 2문단만 쓰자. 절대로 더 쓰면 안 돼."라고 말만 바꾸어도 아이들은 달라집니다. 하지 말라고 하면 더 하고 싶어지는 사람의 심리에 기반한 간단한 지도법입니다.

게다가 오히려 짧게 쓰기 어려운 글이 있습니다. 더 쓰려고 하는 아이에게 마지못해 '그럼 조금만 더 써 봐.'라고 말하며 봐 준다는 표현을 위해 약간의 연기력도 필요할 것입니다. 저 또한 아이들의 글쓰기 지도를 위해 종종 이런 연기를 하고는 합니다.

6. 아이만의 일기 공책, 독서록 공책을 마련해준다

문구점에 가면 쉽게 볼 수 있는 일기 공책, 독서록 공책이 있습니다. 하지만 너무 흔한 만큼 누구나 쓰는 거라 소중하게 여기기 쉽지 않습니다. 혹시 나만의 수첩이나 공책을 마련하여 소중한 글을 담았던 기억이 있으신가요? 아이에게도 아이만의 공책이 있다면 조금이라도 더 글쓰기에 정성을 들이지 않을까 합니다.

　조금 수고스럽겠지만 한글 문서로 아이만의 글쓰기 공책을 만들어 보면 어떨까요? 그것이 어렵다면 흔히 사용하는 공책보다 조금 더 예쁜 공책을 마련하는 것도 좋을 거예요. 또는 공책의 페이지마다 아이의 사진을 담는 것도 좋습니다. 문서 작업이 어렵다면 아이의 모습을 사진으로 찍어 페이지마다 붙여주는 것도 괜찮습니다. 저도 종종 아이들이 글 쓰는 모습을 폴라로이드 카메라로 찍어 그 자리에서 종이에 붙이도록 합니다. 아이들은 자신의 모습이 담긴 사진을 어느 부분에 붙일까 고민을 하는데 그런 좋은 기억이 글쓰기에 대한 좋은 순간들이 이어집니다. 작은 시도가 큰 변화를 이끈다면 해볼 만한 일이 아닐까요?

7. 예쁜 종이를 마련해 준다

　오른쪽 사진은 역사논술 수업시 '고려 상인이 되어 고려의 물건을 팔아보기 위한 글쓰기'를 하면서 제시해 준 종이입니다. 고려의 대표 유물인 고려청자 모양의 종이를 주니 아이들은 더 즐겁게 글쓰기를 하였습니다.

　작은 것 하나가 큰 차이를 만든다는 것을 저는 현장에서 늘 경험합니다. 같은 방식에 금방 지루해하기 쉬운 아이들의 특성을 고려하여 종이도 신경을 써서 준비하는데요. 가뜩이나 글쓰기가 어렵다고 느끼는 아이들에게는 효과 만점입니다. 우선 일반 공책이 아니라 색이 있는 종이를 주

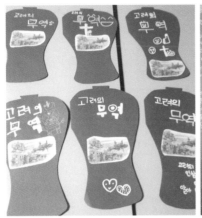

▲ 역사논술 글쓰기에 사용한 고려청자 모양의 종이

는 것만으로도 아이들은 달라진답니다.

문구점에 가면 쉽게 구입할 수 있는 A4 사이즈 색지를 구해서 글을 쓰도록 해 보세요. 일반 A4 종이와 색은 다르지만 중량이 같은 종이는 프린트도 되기 때문에 선을 그려 넣어줄 수도 있습니다. 또는 A4보다 큰 종이에 글을 쓰게 하셔도 좋습니다. 다양한 사이즈의 예쁜 종이가 무척 많습니다.

다음은 아이들과 『빨강 연필』(신수현, 비룡소)이라는 동화를 읽고 독서록을 쓴 것인데요. 책의 중요한 소재가 빨강 연필입니다. 그래서 종이를 연필 모양으로 오려주고 그 안에 글을 쓰도록 했습니다. 아이들은 평소보다 더 신나고 즐겁게 썼습니다.

▲ 연필 모양으로 오린 종이에 쓴 『빨강 연필』 독서록

8. 예쁜 펜을 마련해 준다

오른쪽 사진은 『손에 잡히는 과학 교과서 힘』 (심제규, 길벗스쿨)이리는 과학 도시를 읽고 아이들이 쓴 과학 일기입니다. 과학도서는 조금 딱딱하게 느껴질 수 있어서 글쓰기만큼은 조금 수월하게 하게 하려고 젤펜으로 글을 쓰게 했습니다. 젤펜은 시중 큰 문구점에서 구입이 가능한 펜입니다. 진한 색종이에 사용하면 예쁘게 표현되기 때문에 아이들이 무척 좋아합니다.

▲ 과학 도서를 읽고 색종이에 젤펜으로 쓴 과학 일기

독서록 전쟁을 끝내는
글대화 실전 지도

글 대화가 필요한 이유,
글 대화로 쓰는 독후감

　말은 잘하는데 글은 못 쓰는 아이들이 많습니다. 말하기보다 글쓰기가 더 어렵게 느껴지고 실제 그렇기도 해요. 이유가 있는데요. 우선 제가 이야기하는 말하기는 강연처럼 혼자 말하는 것이 아니라 대화를 뜻해요. 혼자 긴 시간 말하는 강연과 상대와 대등한 관계에서 주고받는 대화는 엄연히 다르니까요.

　우선 대화는 상호 소통이므로 상대방이 적절한 반응을 해 줍니다. 그래서 생각이 꼬리를 물기 때문에 대화가 이어집니다. 그렇게 두 사람이 마주 앉아 어떤 주제로 이야기를 하다 보면 다소 두서가 없더라도 이야기는 이어집니다.

　그런데 글쓰기는 혼자 하는 일이에요. 상대의 반응이 없어도 반응을 예상하며 글을 이어나가야 합니다. 처음 쓰려고 한 글의 흐름을 놓치지 않고 한 호흡으로 써 나가야 하기도 하고요.

이것이 초등 아이들에게는 매우 어려운 일입니다. 비단 초등생뿐 아니라 글쓰기 경험이 없는 이들이라면 대체로 그렇지 않을까 합니다. 그래서 초등 글쓰기 지도에서는 글 대화가 필요합니다. 마주 앉아 대화하면서 글을 써나가는 것이 바로 글 대화인데요.

글쓰기를 많이 해 보지 않았거나 어려워하는 아이들에게 제가 지도하는 방식이기도 합니다. 우선 글쓰기가 익숙하지 않은 아이들은 한 문단씩 써나갈 때마다 중간중간 글 대화를 합니다. 대화를 하고 한 문단을 쓰고, 또 대화하고 한 문단을 쓰는 형식이지요. 이야기를 나누면서 쓰기 때문에 아이들이 글쓰기에 대한 부담을 덜 느끼는 편입니다.

이것이 익숙해지면 대화를 조금씩 줄여나가야 합니다. 처음에는 한 문단에 해당하는 내용에 관해 이야기를 나누었다면 그다음부터는 두 문단에 담을 내용에 관해 이야기를 나눕니다. 이것이 익숙해지면 세 문단, 그리고 마지막에는 글 전체 내용에 대해 미리 글 대화를 하고 스스로 한 편을 완성할 수 있게 하면 됩니다.

가정에서는 조금 어려운 방법일 수도 있습니다. 하지만 정확히 말하면 어렵다기보다 노력이 필요한 일입니다. 한 편의 글을 위해 정성스러운 글 대화를 나누면서 아이가 끝까지 쓰도록 돕는 일은 그 과정을 온전히 함께해야 하므로 시간도 필요하지요. 하지만 이런 과정이 있어야 아이가 글을 쓸 수 있다는 점을 꼭 명심해 주시기를 바랍니다.

내용을 정리하자면 1차 글대화 → 1문단 쓰기 → 2차 글대화 → 2문단 쓰기 → 3차 글대화 → 3문단 쓰기를 하는 것입니다. 만약 90분 동안 3문단의 글을 쓴다면 다음과 같이 시간 배분이 될 것입니다.

구분	시간 배분		대화와 글
1차 글대화	15분	대화	교사 : 만약 로봇 엄마와 산다면 어떨까요? 아이 : 딱 하루만 살고 싶은데요, 맛있는 음식 사 달라고 할 거예요. 교사 : 그렇구나, 혹시 안 좋은 점도 있을까요? 아이 : 음.. 아마 로봇이 숙제를 해 주면 글씨가 예쁘다고 의심 받지 않을까요? 교사 : 정말 그렇겠네요. 로봇이 숙제할 동안 뭐하고 싶어요? 아이 : 전 텔레비전 보아야죠!
1문단 쓰기	15분	대화 후에 쓴 글	내가 로봇엄마와 하루 동안 산다면 어떨까? 우선 맛있는 음식을 사달라고 할 것이다. 그리고 로봇이 학교 숙제를 해 주었는데 글씨가 예뻐서 의심 받을 것 같다. 만약 로봇이 숙제를 해 준다면 나는 텔레비전을 볼 것이다.

2차 글대화	15분	대화	교사 : 로봇하고 우리 엄마하고 차이점이 있다면 무엇일까요? 아이 : 음.. 우리 엄마는 잠도 자고 꿈도 꾸죠. 교사 : 그렇구나, 잠자기, 꿈 말고 엄마만이 가진 점이 있으시다면 무엇일까요? 아이 : 아! 잔소리도 하고요. 말투는 듣기가 좋아요. 교사 : 그래. 그럼 로봇은 어때요? 엄마와 다른 점을 중심으로 이야기해 보세요. 아이 : 로봇은 말투가 좀 이상할 것 같아요. 같이 나가면 사람들도 많이 쳐다볼 것 같고요.
2문단 쓰기	15분	글	로봇 엄마와 우리 엄마의 차이점이 있다. 우리 엄마는 잔소리를 하고 잠을 자고 꿈을 꾼다. 말투도 듣기 좋고 머리카락이 있기도 하다. 그런데 로봇엄마는 말투가 이상하고 지식이 더 많을 것 같다. 그리고 로봇이어서 밖에 나가면 사람들이 막 쳐다볼 것 같다.
3차 글대화	15분	대화	교사 : 로봇과 엄마에 대해 생각해 보았죠? 그럼 누구와 살고 싶어요? 아이 : 당연히 우리 엄마죠! 엄마가 좋아요. 교사 : 그렇구나, 그럼 엄마와의 이대로가 좋아요? 아이 : 몇 가지 부탁은 있어요. 교사 : 무엇일까요? 아이 : 엄마가 시험 문제 틀려도 잘했다고 해주었으면 좋겠어요. 나도 노력 많이 했으니까요. 장난감도 많이 사 주었으면 좋겠어요.
3문단 쓰기	15분	글	우리 엄마에게 바라는 점이 있다. 시험을 많이 틀려도 잘했다고 해주셨으면 좋겠다. 왜냐하면 나도 노력을 했기 때문이다. 장난감도 많이 사 주면 좋겠다. 학원 이야기를 빼는 이유는 학원은 계속 다니고 싶기 때문이다. 결론은 우리 엄마가 좋다는 거다.

위 표 안에 쓴 글은 3학년 학생이 『로봇엄마』(조지 버켓, 에밀리 스미스, 시공주니어)를 읽고 대화 후에 쓴 글입니다. 표 안의 글에서 문단(1, 2, 3) 쓰기 부분만 이으면 한 편의 글이 되겠지요. 저는 아이와 나눈 대화도 표 안에 담느라 위의 표처럼 글이 띄엄띄엄 있지만 실제로는 아이들이 대화하면서 글을 이어나가므로 한 편의 글로 완성이 됩니다.

이런 방식으로 지도 시에 유의할 점이 있습니다. 질문한 후에 바로 글을 쓰게 하지 않는 것입니다. "로봇과 함께 산다면 어떨까? 글로 써 보자."라고 하지 않는다는 뜻입니다. 질문 후에는 반드시 아이의 대답을 듣고 관련 질문을 이어나가면서 쓸 내용을 풍성히 만들어야 합니다. 그리고 나서 쓸 거리를 어느 정도 찾아냈다 싶을 때 글로 정리하도록 해주세요.

이 방식은 아이들과 대화하면서 글을 쓰기 때문에 전체 걸리는 시간이 깁니다. 하지만 이런 방식으로 충분히 연습하면 아이가 글에 들어가는 요소나 구조 등을 자연스럽게 알게 됩니다. 책의 종류에 따라 다양한 글을 써 보아야 하므로 긴 시간을 두고 인내심 있게 지도해야 합니다.

다만 한 호흡으로 쓰는 것이 아니기 때문에 각 문단의 연결성이 약하게 느껴질 수도 있어요. 그럴 때는 다 쓴 후에 아이 스스로 읽어 보며 문단의 연결 부분만 접속어 등을 사용하여 다듬도록 도와주세요.

독서록 쓰기에 앞서
꼭 기억해야 할 6가지

독서록은 엄마들의 영원한 고민입니다. 독서록을 쓸 때마다 전쟁이 벌어지는 가정도 많습니다. 전쟁을 줄이기 위해 먼저 기억해야 할 몇 가지를 안내해 드립니다.

1. 우선 아이가 읽는 책을 반드시 함께 읽어야 해요. 지도하는 사람이 책의 내용을 알지 못하면 형식만 가르쳐 주게 됩니다. 앞서 글 대화에서도 보듯이 지도하는 사람이 책 내용을 알아야 구체적인 질문과 발문을할 수 있습니다.

2. 처음에는 기승전결이 뚜렷한 전래나 그 외 주제가 비교적 명확한 이야기책으로 시작하는 것이 좋습니다. 비유나 상징이 많은 책은 아이들이 이해하기 어렵고 이해한다고 해도 독서록을 쓰기에는 무리일 수 있어요. 독서록은 어렵다는 편견을 더 갖게 될 수도 있습니다.

3. 아이가 책 읽기를 어려워하거나 글쓰기가 익숙하지 않다면 쉬운 책으로 시작하는 것이 좋습니다. 많은 아이들이 논술 학원이나 학교에서 자신의 독해 수준보다 어려운 책을 붙들고 이해되지 않은 책으로 독서록까지 쓰느라 힘들어하고 있어요. 책을 잘 읽는 아이도 쓰기 수준이 읽기 수준에 앞서지 않으므로 아이 수준보다 조금 쉬운 책으로 쓰는 것이 좋습니다.

4. 독서록의 양은 중요하지 않습니다. 짧아도 진솔한 생각이 담겨 있다면 좋은 독서록입니다.

5. 날마다 쓰게 하지 말아주세요. 지도하는 이의 입장에서 생각해 보았으면 합니다. 날마다 책을 한 권씩 읽고 독서록을 쓸 수 있을까요? 쓸 수 있을지는 모르겠지만 힘들어 대충 쓰게 될 것입니다. 아이들 책은 짧으니 쉬울 거라고 오해하지 말기를 바랍니다. 아이들 기준에서 본다면 동화책 한 권 읽는 것이 성인이 소설 한 권을 읽는 것과 다름없습니다. 만약 학교에서 일주일에 3번 이상 등의 규정이 있어 어쩔 수 없이 자주 써야 한다면 한두 편 정도는 얇은 책을 읽고 쓰게 하는 지혜

를 발휘해 보세요.

6. 독서록을 쓰기 위해 억지로 골라 읽은 책은 무미건조하게 다가옵니다. 그런 책으로 독서록을 쓰는 것은 별 의미가 없지요. 즉 독서록을 쓰려면 아이가 스스로 찾아 읽은 책 중에서 인상 깊었던 책을 골라 쓰게 해야 합니다. 만약 3권을 읽었다면 그중에서 가장 좋았던 한 권을 고르게 해서 쓰는 것입니다. 보통은 독서록을 쓰기 위해 책을 읽고 그렇게 읽은 책은 흥미도가 떨어지니 더 쓰기가 힘들답니다.

많은 분이 독서록을 잘 쓰기 위한 '방법'을 묻습니다. 방법을 찾기 전에 잘 쓰기 위한 조건들이 갖추어졌는지 살피는 것이 우선입니다.

상식을 버리고
쉽게 쓰는 독서록

    책 한 권을 전부 읽고 독서록을 써야 하는 상황을 떠올려 보세요. 혹시 어떤 생각이 드시나요? 생각만 해도 아마 책을 읽는 것부터 부담될지 모르겠습니다. 독서록은커녕 책을 언제 다 읽어야 할지 걱정이 되는 순간 책은 싫어지게 될 거고요. 이걸 다 읽고 글을 써야 한다는 압박에 읽는 내내 숙제처럼 느껴질 거예요.

    읽고 쓰기가 생활화된 어른들이 아니라면 이것은 지극히 자연스러운 현상입니다. 그런데 우리는 아무렇지 않게 아이들에게 책 한 권을 읽고 독서록을 쓰라고 합니다. 아이들 입장이 되어 그 일의 부담감에 대해 한 번쯤 생각해 보면 좋겠습니다.

    그 부담감을 안다면 독서록 쓰기를 지도하며 여러 요령이 생기게 되어 있어요. 독서록 쓰기에 부담을 덜 느낄 수 있는 몇 가지 방법을 소개해 보려고 합니다.

1. 비문학은 한 챕터만 읽고 쓰게 해 주세요

본래 독서록은 책을 전부 정독하고 쓰는 것이 정석입니다. 제대로 쓰려면 최소 2회는 읽어야 합니다. 다 읽었다고 생각하지만, 막상 글을 쓰려고 하면 책을 다시 읽게 되거든요. 하지만 책 한 권 완독은 때로 부담스러운 일이기도 해요. 그럴 때는 한 챕터만 읽고 글을 쓰게 하면 좋습니다.

이야기책은 흐름이 있기 때문에 불가능할 수도 있어요. 하지만 비문학(지식책)은 각 챕터가 하나의 작은 소주제이기 때문에 한 챕터만 읽어도 쓸 수 있답니다. 물론 책에 따라 각 챕터들의 연계성이 긴밀하면 어려울 수도 있지만, 대부분의 어린이 비문학은 가능하답니다.

예를 들어보겠습니다. 다음은 『지구의 주인 흙』(폴레 부르주아, 주니어 김영사)이라는 책의 차례입니다.

총 5장으로 구성이 되어 있습니다. '흙'에 대해 이야기하기 위해 1장에서 우리 주위의 먼지를 이야기합니다. 그리고 2장에서 흙에 대한 조금 더 상세한 설명이 들어가며 3장부터 내용을 점점 더 확대하여 '흙'에 대해 친절하게 알려주는 과학도서입니다.

이 책을 다 읽고 소화하여 독서록을 쓰는 것은 쉽지 않아 보이지요? 그럴 때는 아이가 가장 인상 깊게 읽은 챕터를 고르게 해 주세요. 혹은 1장 '우리 주위의 먼지'만 읽고 그 부분에 해당하는 독서록을 써도 좋습니다.

그렇게 쓴다면 이 책이 총 5장으로 구성이 되어 있으니 총 5편의 독서록을 쓸 수 있을 거예요. 물론 하루에 다 쓰는 것은 아닙니다. 만약 아이가 지겨워한다면 한두 편으로 마무리해도 좋습니다. 책을 완독해야 한다는 부담과 편견을 버리면 얼마든지 가능한 일입니다.

또한 앞서 문학은 어려울 수도 있다고 했지만 불가능한 일은 아닙니다. 문학도 이야기 흐름에 따라 각 장별로 나뉘어 있습니다. 1장만 읽고 그 내용을 토대로 독서록을 쓰게 해 주세요. 그렇게 쓰다 보면 얼른 2장이 읽고 싶어질지도 모를 일입니다.

2. 아이가 어려워하는 분야는 단편 묶음집으로

아이마다 좋아하는 분야가 있고 싫어하는 분야가 있습니다. 싫어하는 분야의 책을 읽고 독서록을 써야 한다면 그것처럼 고역인 일도 없을 거예요. 이럴 때도 지혜가 필요합니다. 아이들이 어려워하는 분야는 단편이 묶인 책을 읽고 한 편에 대한 글만 쓰도록 해 주세요. 예를 들어 인물 이야기의 경우 한 권을 다 읽고 쓰는 것은 부담스럽습니다. 한 권 안에 여러 인물 이야기가 담긴 책은 한 인물의 이야기가 몇 페이지 되지 않습니다. 그 한 편만 읽고 쓴다면 부담이 줄어들 거예요.

다음은 분야별로 여러 이야기가 담긴 동화집입니다.

과학동화집

1, 2학년이 꼭 읽어야 할 교과서 과학동화 / 효리원
3, 4학년이 꼭 읽어야 할 교과서 과학동화 / 효리원
5, 6학년이 꼭 읽어야 할 교과서 과학동화 / 효리원
스토리텔링 과학동화 1학년~6학년 / 홍건국, 예림당

이야기책 동화집

한 권으로 읽는 안데르센 / 이미애 엮음 / 아이즐북스(1, 2년)
입말로 들려주는 우리 겨레 옛이야기 5권 / 이향숙 글 / 영림카디널(2, 3학년)
울지마 울산 바위야 / 조호상 / 한겨레 아이들(2, 3학년)
까매서 안 더워? / 이상권 / 파란자전거(3, 4학년)
우리 누나 / 오카 슈조 / 웅진 (4~6학년)
자전거 도둑 / 박완서 / 다림(6학년~)
단추와 단춧구멍 / 한상남 / 어린이 작가정신(2, 3학년)

역사/인물 (고학년 도서)

삼국 역사 속 숨은 영웅들 / 김은빈 / 뜨인돌어린이
고려 역사 속 숨은 영웅들 / 김은빈 / 뜨인돌어린이
조선 역사 속 숨은 영웅들 / 김은빈 / 뜨인돌어린이
차별을 뛰어넘은 조선 영웅들 / 김은빈 / 뜨인돌어린이
한국사를 뒤흔든 열 명의 왕 / 윤예영 / 한림출판사
초등학생을 위한 인물 한국사 5권 세트 / 윤희진 / 길벗스쿨
조선의 과학자들 / 고진숙 / 한겨레 아이들
아름다운 위인전 / 고진숙 / 한겨레 아이들
조선의 실학자들 / 고진숙 / 한겨레 틴틴
여자는 힘이 세다 / 한국편, 세계편 / 유영소 / 교학사

독서록이 어려운
아이들을 위한 간단 양식

독서록이 어려운 친구들을 위해 조금 더 쉬운 방식을 제안합니다. 글을 쓸 때 짧든 길든 한 편을 스스로 완성한다는 부담을 줄여줄 수 있는 방식입니다. 글의 큰 틀을 제시해 주고 아이가 빈 곳만 완성하도록 돕는 거예요. 다만 이 방식은 아이가 하고 싶은 말을 자유롭게 표현하지 못하고 오히려 틀에 박힌 글을 쓰게 될 수도 있으므로 상황에 따라 적절히 시도하셔야 합니다.

1. 이야기책 (인물 중심 독서록)

오늘 내가 읽은 책은 (　책제목　)이다. 이 책은 (작가 이름)님이 쓰신 책이다. 이 책에 나오는 사람은 (　주요 등장 인물 이름　) 등이다.

그중에서 나는 (　괜찮다고 생각되는 인물 이름　) 이 가장 괜찮다고 생각한다. 왜냐하면 (　그렇게 생각한 이유　)이다.

그리고 (　나쁘다고 생각되는 인물 이름　)이 가장 나쁘다고 생각한다. 왜냐하면 (　그렇게 생각한 이유　)이다.

인물들 중에서 내가 닮고 싶은 사람은 (　닮고 싶은 인물 이름　)이다. 그 인물처럼 (　실천할 행동　) 하고 싶다.

2. 이야기책 (사건 중심 독서록)

오늘 내가 읽은 책은 (　책제목　)이다. 이 책은 (작가 이름)님이 쓰신 책이다. 이 책에 나오는 사람은 (　주요 등장 인물 이름　) 등이다.

이 책에서 나는 (　가장 인상 깊은 장면　) 이 생각난다. (　그 장면이 생각나는 이유 또는, 그 장면을 보고 생각한 것　) 때문이다.

그리고 (　인상 깊은 장면　)한 장면도 생각난다. (　그 장면이 생각나는 이유 또는, 그 장면을 보고 생각한 것　) 때문이다.

나는 이 책을 읽고 (　새롭게 한 생각, 내용 전체에 대한 소감 등　)했다.

★ 부록의 관련 양식을 참조하세요.

3. 이야기책 (나의 경험 중심 독서록)

오늘 내가 읽은 책은 (　　책제목　　)이다. 이 책은 (　작가 이름　)님이 쓰신 책이다. 이 책에 나오는 사람은 (　　주요 등장 인물 이름　　) 등이다.

나는 이 책을 읽고 (　　책을 읽고 떠오른 나의 경험　　)일이 떠올랐다. 그 일은 (그 일을 간략히 설명)이다.

이 일이 생각난 이유는 (생각난 이유를 책 내용과 연관지어 쓰기)이다.

그래서 이 책을 읽고 (어떤 생각을 했는지, 어떤 감정이 들었는지) 했다.

★ 부록의 관련 양식을 참조하세요.

독서록에 익숙해진
아이들을 위한 도전

앞에서 제시한 괄호 넣기 방식이 수월해진 아이에게는 다음 도전이 필요합니다. 틀이 정해진 방식이 아니라 스스로 문장을 완성하면서 문단을 구성해가는 방식입니다. 짧더라도 이렇게 쓰는 것을 더 추천해 드립니다. 스스로 문장을 완성해 보아야 문장력이 늘고 문단을 늘리며 써 보아야 글을 구성하는 능력도 생기기 때문입니다.

우선 다음과 같은 방식의 독서록을 쓸 수 있을 텐데요.

문학(이야기책)	비문학(지식정보책)
1. 인물 중심 독서록 2. 장면 중심 독서록	1. 새로 알게 된 내용 중심 독서록

위 표의 내용 중에서 우선 이야기 책을 읽고 쓰는 문학 독서록에 대해 설명해 볼게요. 문학 독서록은 아래처럼 3가지 형식으로 쓸 수 있습니다.

1. 인물 중심 독서록	2. 장면 중심 독서록	3. 감정 중심 독서록
주요 등장 인물을 소개하고 그의 행동이나 그와 관련된 상황을 보고 어떤 생각을 했는지 쓰는 글	인상 깊은 장면을 골라 간단히 정리해서 쓰고 그 장면에 대한 생각을 덧붙여 쓰는 글	책을 읽고 떠오른 감정을 쓰고 어떤 장면에서 그런 감정이 생겼는지 덧붙여 쓰는 글
인물 수개 + 생가	인상 깊은 장면 ᅵ 생각	책을 읽고 떠오르 감정 + 생각
인물 소개 + 생각	인상 깊은 장면 + 생각	책을 읽고 떠오른 감정 + 생각
인물 소개 + 생각	인상 깊은 장면 + 생각	책을 읽고 떠오른 감정 + 생각
전체 내용에 대한 소감 (또는 생각)	전체 내용에 대한 소감 (생각)	전체 내용에 대한 소감 (생각)

다음은 '**인물 중심** 독서록'의 예시글입니다.

1. 인물 중심 독서록	해당 도서
주요 등장 인물을 소개하고 그의 행동이나 그와 관련된 상황을 보고 어떤 생각을 했는지 쓰는 글	텔레비전 속 내 친구 / 크리스티네 뇌스틀링거 / 비룡소
인물 소개 + 생각	칼아저씨는 리모콘 파란색 버튼을 누르면 나온다. 칼아저씨는 친절하고 남이 못하는 것을 잘하게끔 도와주신다. 나는 칼아저씨가 너무 친절하고 좋으신 분 같았다. 또 칼아저씨는 안톤을 잘 챙겨주셔서 좋아보인다.
인물 소개 + 생각	할머니는 안톤을 위해 다른 집을 방문하여 리모콘을 다 자기 집으로 가져오신다. 할머니는 어린이들에게 친절하시다. 배려심도 많으시다. 할머니 같은 사람이 우리 할머니이면 좋겠다.
인물 소개 + 생각	안톤은 칼아저씨를 너무 좋아한다. 칼아저씨 덕분에 공부를 잘하게 되고 친절하다. 안톤은 칼아저씨 덕분에 공부를 잘하게 된 것 같다. 또 자기 물건은 매우 잘 챙기며 성격도 좋다.
인물 소개 + 생각	부모님은 성격이 매우 엄격하다. 부모님은 너무 잘 싸운다. 부모님은 이혼까지 할 뻔했다. 부모님은 안톤에게 친절하게 대해 주셨으면 좋겠고, 안톤에게 관심을 가져주었으면 좋겠다. 싸우는 것도 그만했으면 좋겠다. 애들 앞에서 싸우는 것은 좋지 않은 행동이다.
전체 내용에 대한 소감 (생각)	마지막에 안톤과 할머니가 실종되었다는 기사가 나온다. 뒷 이야기가 어떻게 될까 생각해 보았다. 내 생각에는 텔레비전에 들어간 두사람이 행복하게 살 것 같다. 게다가 칼아저씨는 안톤의 공부까지 가르쳐 주실 것 같다. 원래 안톤의 부모님 역시 이혼하지 않고 안톤을 찾으면서 살 것 같다. — 고양 화수초 이상민

★ 부록의 관련 양식을 참조하세요.

➡ 앞에서 '인물 소개 + 생각'은 학년이나 아이의 글쓰기 실력에 따라 문단수를 적절히 조절하면 됩니다. 인물 소개와 생각을 반복해서 쓰면 책 전체에 대한 소감을 담기 어려워 글의 완성도가 떨어질 수도 있기 때문에 마지막에 '전체 내용에 대한 소감'을 한 문단 쓰면 좋지만 상황에 따라 생략해도 됩니다.

➡ 아이가 만약 주요 인물을 고르기 어려워하면 주인공을 중심으로 내용상 비중이 큰 인물, 인상 깊었던 인물을 생각하도록 도와주세요.

다음은 '**장면 중심** 독서록'의 예시글입니다.

2. **장면 중심 독서록**	해당 도서
인상 깊은 장면을 골라 간단히 정리해서 쓰고 그 장면에 대한 생각을 덧붙여 쓰는 글	인사 잘하고 웃기 잘하는 집 / 윤수천 / 시공주니어
인상 깊은 장면 + 생각	아빠는 슈퍼 배달을 한다. 그런데 어느 날 계단에서 넘어져서 다리를 다치셨다. 아빠는 아플 것 같다. 아빠가 일을 안하고 나니 배달을 해 줄 사람이 없어서 가족들이 돕기 시작했다. 공부만 하던 형도 도왔다. 가족들이 아빠를 도와서 참 다행이다.
인상 깊은 장면 + 생각	동네에 원기형이 장애가 있는 동호 누나의 흉내를 냈다. 원기형은 참 못됐다. 남의 행동을 따라하고 말이다. 그래서 동호는 머리로 원기형의 배를 눌렀다. 그리고 나서 동호는 한 번만 더 흉보면 가만 안 둔다고 했다. 나라도 엄청 화가 났을 것이다.
전체 내용에 대한 소감 (생각)	동호네 집은 정말 인사 잘하고 웃기 잘하는 집 같다. 하지만 행복해 보이지는 않는다. 슈퍼를 하면서 일을 너무 하는 것처럼 보이기 때문이다. — 고양 화중초 한재훈

➡ 인상 깊은 장면을 쓰다 보면 너무 자세하게 쓰게 되는 경우가 있습니다. 따라서 쓰기 전에 우선 아이와 말로 간단히 줄여 보고 쓰는 것이 좋습니다.

➡ 인상 깊었던 장면을 읽고 어떤 생각을 했는지 물으면 아이들이 '재미있었어요.' '그냥 그 장면이 생각나요.' 등으로 대답할 때가 많습니다. 그럴 때는 다양한 질문을 해서 아이의 뭉뚱그려진 생각을 구체화하도록 도와야 합니다. 예를 들의 윗글의 경우 '가족들이 아빠를 돕는 것을 보고 어떤 생각을 했니?' '네가 동호라면 누나를 놀리는 원기형을 보고 어떤 마음이 들었을까?' 등의 질문이 적절하겠지요.

다음은 '감정 중심 독서록'의 예시글입니다.

3. 감정 중심 독서록	해당 도서
책을 읽고 떠오른 감정을 쓰고 어떤 장면에서 그런 감정이 생겼는지 덧붙여 쓰는 글	양파의 왕따 일기 / 문선이 / 파랑새
책을 읽고 떠오른 감정 + 생각 (또는 그 감정의 이유)	정화는 정말 소극적인 아이라서 안타깝다. 정화의 마음을 이해해 주고 싶다. 한편으로는 매력도 있다. 나도 내가 끼어 있는 모임이 있는데 거기서 한 명이 누구를 싫어하면 나도 싫어져서 피해 다녔다. 그 때 무언가 마성에 걸린 느낌이랄까. 어딘가에 홀린 기분이었다. 정화도 왠지 그런 기분이었을 것이다.
책을 읽고 떠오른 감정 + 생각 (또는 그 감정의 이유)	미희라는 아이도 나온다. 미희의 감정도 이해할 수 있다. 미희는 자기를 우러러 보는 사람을 사귀고 싶었을 것이다. 왜냐하면 부모님이 외국에 있어서 외할머니랑 같이 살아 학교에서 스트레스를 푸는 것일 수도 있다. 슬프지만 학교에서만 센 척을 하는 것 같다. 나도 엄마가 친구랑 영화보러 가시고 아빠랑만 있어도 끝까지 기다리고 자지 않는다. 눈물도 고이고 난리가 난다. 미희도 아마 이런 마음이 있었을 것이다.
전체 내용에 대한 소감(생각)	책을 읽을 때는 몰랐지만 잘 헤아려보니 미희와 정화의 마음을 알겠다. 앞으로도 나오는 사람들의 마음을 헤아리면서 읽어야겠다. 　　　　　　　　　　　　　　　　- 고양 화수초 정세윤

앞서 보여드린 인물 중심 독서록과 비슷합니다. 이 글은 4학년 아이가 썼지만 저학년도 이런 형태로 쓸 수 있습니다.

다음은 비문학 독서록에 대해 설명해 보겠습니다. 어린이 도서의 비문학은 과학/경제/환경/인물/사회문화 등이 있습니다. 아래는 도서 종류에 따라 어떻게 써야 하는지 간단히 정리한 표입니다.

1.과학 도서 독서록①	2.과학 독서 독서록②	3. 경제 도서 독서록
책의 주제를 나의 경험과 연결지어 새롭게 알게 된 사실과 소감을 쓴다. (중,고학년)	과학 도서를 읽고 알게 된 과학 원리나 개념과 관련된 생활 경험을 쓴다. (저학년)	경제 도서를 읽고 알게 된 경제 관련 용어의 개념 설명과 관련된 경험을 쓴다. (고학년)
4. 환경 도서 독서록	5. 인물 도서 독서록	6.사회문화 도서 독서록
환경 도서에 나온 환경 문제를 설명하고 내 생활 속에서 실천하거나 고쳐야 할 점에 대해 쓴다. (중, 고학년)	인물의 입장이 되어서 삶을 소개하고 자기 삶에 대한 소감이나 현재를 사는 이들에게 하고 싶은 말을 쓴다. (중,고학년)	책에서 말하는 사회 문제를 정리하고 우리가 실천할 수 있는 점에 대해 쓴다. (고학년)

위의 구분에 따라 6가지 예시글을 살펴보겠습니다.

1. 과학 도서 독서록 ①	해당 도서
책의 주제를 나의 경험과 연결지어 새롭게 알게 된 사실과 소감을 쓴다. (중,고학년)	지구의 주인 흙 / 폴레 부르즈아 / 주니어 김영사
책의 주제인 '흙'과 관련된 경험	나는 흙이 좋다. 왜냐하면 흙을 떠올리면 재미있게 개미를 잡은 것이 기억나기 때문이다. 지렁이 해부도 해 보았는데 심장이 5개나 있었다. 나는 흙에 지렁이가 있으면 지렁이를 끄집어내서 지렁이를 키우고 싶다.
새롭게 알게 된 내용	나는 지렁이가 식물에게 도움을 많이 준다는 것을 알았다. 지렁이의 똥이 식물의 거름이 되기도 한다. 또 지렁이가 만든 굴 덕분에 공기가 잘 통해 식물이 잘 자란다. 　사람들이 진흙으로 목욕을 한다는 것도 알았다. 사람들이 진흙으로 목욕을 하고 나면 주름이 펴지고 햇빛 덕분에 따뜻해져서 통증도 풀린다고 한다.
새롭게 알게 된 내용을 읽고 다짐한 것이나 소감	나는 이제 지렁이를 죽이지 않을 것이다. 그리고 책에 나온 진흙 목욕도 해 보고 싶다. 　　　　　　　　　－ 고양 양일초 배민찬

➡ 3학년 아이가 쓴 과학 독서록입니다. 새롭게 알게 된 내용이 중심이 되면서 첫 문단은 '책의 주제와 관련된 나의 경험이나 생각'을 담았습니다. 아이가 읽은 책이 '흙'에 대한 것이어서 흙과 관련된 경험을 자유롭게 써 보라고 하니 위와 같이 썼습니다. 이렇게 첫 문단을 완성하면 아무래도 일기 같은 느낌이 들어 조금 더 편안하게 쓸 수 있습니다.

➡ 2문단, 3문단은 새롭게 알게 된 내용만 간단히 정리했습니다. 3학년 아이라 두 가지만 썼으며 생각을 덧붙여 쓰기를 어려워하면 이렇게 알게 된 사실만 정리해도 좋습니다.

➡ 대신 마지막 문단에 생각을 담아 마무리를 하도록 했습니다. 과학 독서록에 꼭 들어가야 할 내용인 '새롭게 알게 된 내용'과 '그 내용을 알고 나서 하게 된 생각'만 잘 담는다면 조금씩 형태를 바꾸어 써도 좋습니다.

과학 독서록의 두 번째 예시글입니다.

2. 과학 도서 독서록 ②	전집 도서라 도서 정보는 생략합니다.
관성에 대한 과학 도서를 읽고 관련 경험을 쓴 글	오빠랑 함께 공연을 보려고 버스를 탔다. 그런데 자리가 별로 없었다. 그래서 난 앉아있고 오빠는 서 있었다. 근데 버스는 쌩쌩 달리고 있었는데 갑자기 빨간 불로 바뀌고 버스는 급하게 멈추었다. 그러자 오빠는 넘어지고 나는 머리를 앞 의자에 박았다. 왜 갑자기 몸이 앞으로 나갔냐면 관성 때문이다. 관성은 움직이던 것이 멈추려고 해도 금방 멈추지 않는 것이고 멈추고 있던 건 계속 멈추려고 하는 성질이다. – 고양 화수초 박솔채
'우리 몸에서 땀이 나는 원리'에 대한 과학 도서를 읽고 관련 경험을 쓴 글	어제 운동회를 했는데 더워서 모자도 쓰고 손부채도 했어요. 그래서 날씨가 시원했으면 좋겠다는 생각이 들었어요. 땀이 이마와 머리카락 가운데에 났어요. 하지만 엄마와 아빠는 몰랐어요. 땀이 나니까 찝찝했어요. – 고양 화수초 김송현
'액체의 상태 변화'에 대한 과학 도서를 읽고 관련 경험을 쓴 글	집에서 아이스크림을 먹었다. 그런데 점점 녹고 있었다. 아이스크림이 고체에서 액체가 된 것이다. 그래서 냉동실에 넣어놓았다. 다시 꺼냈더니 모양이 안 좋아져서 버렸다. 아쉬웠다. 다음에는 꼭 다 아이스크림을 먹을 것이다. – 고양 화수초 이하나

'유전자'에 대한 과학 도서를 읽고 관련 경험을 쓴 글	나는 엄마와 아빠를 반씩 닮았다. 그런데 잘 보면 아빠를 더 많이 닮은 것 같다. 아빠를 닮은 것이 좋기는 하지만 아빠를 닮아 땀이 날 때는 싫다. 나중에 아기를 낳으면 내 아기는 나의 운동하는 것을 많이 닮았으면 좋겠다. - 고양 화수초 김서연

➡ 2학년 아이들이 쓴 글입니다. 2학년 아이들은 과학동화를 읽고 새로 알게 된 과학 개념이나 사실을 정리하기가 쉽지 않습니다. 따라서 내용과 관련된 경험 중심으로 일기처럼 써도 좋습니다.

➡ 다만 경험을 쓴 후에는 그 경험이 어떤 과학 개념에 해당하는지 간단히 덧붙여 쓰면 좋습니다.

➡ 저학년은 어떤 종류의 책이든 이처럼 일기 형식으로 접근하게 하는 것이 좋습니다.

다음은 비문학 중에서 '경제 도서'를 읽고 쓴 독서록입니다.

3. 경제 도서 독서록	해당 도서
경제 도서를 읽고 알게 된 경제 관련 용어의 개념 설명과 관련된 경험을 쓴다. (고학년)	아하 그렇구나 경제의 모든 것 / 오주영 / 채우리
새롭게 알게 된 경제 용어와 관련 경험 ①	살다보면 이것도 가지고 싶고 저것도 가지고 싶을 때가 있는데 한가지 밖에 가질 수 없다면 한 가지를 선택하고 한 가지를 포기해야 한다. 이런 것을 경제에서는 기회비용이라고 한다.
	나는 엄마가 오늘 라면을 먹자고 해서 라면과 짬뽕라면, 일본라면, 비빔면, 짜장라면 중에서 다 먹고 싶은데 짬뽕라면을 먹으려고 다른 라면을 포기했다. 이런 것도 기회 비용!
새롭게 알게 된 경제 용어와 관련 경험 ②	기회 비용 말고도 또 다른 것이 있다. 새로운 컵라면을 먹었는데 맛있지가 않아서 버릴 때이다. 하지만 버리는게 현명한 것이다. 아깝다고 그냥 먹으면 기분도 별로고 몸도 안 좋아질 것이다.
	나 역시 그런 적이 있다. 과자를 샀는데 너무 맛이 없어서 버렸다. 손해를 본 것인데 이런 것을 매몰비용이라고 한다.
	또 어떤 물건을 15만원을 주고 샀는데 필요없어질 수도 있다. 그래서 누구에게 팔려고 하니까 1만원 밖에 못 받는다. 그렇다고 해도 파는게 낫다. 그냥 가지고 있는 것보다 매몰비용을 감수해서라도 팔아야 한다.

| 책을 읽고 나서 깨우치게 된 점이나 실천할 점 등 | 우리는 살면서 현명한 선택을 해야 한다. 엄마가 두부, 고등어, 무 등이 부족해서 마트에 가면 여러 물건이 보인다. 그래도 우선 필요한 것부터 사야 한다. 나도 생일에 필요한 것을 잘 생각해 신중히 사달라고 했다.

이 책을 읽고 물건은 신중히 고르고 꼭 필요한 것부터 사고, 쓸모없으면 빨리 버리고 아니면 팔 때 돈을 많이 못 받아도 파는 것이 현명하다는 것을 배웠다.
            - 고양 화수초 진현우 |

➡ 경제 도서도 과학과 마찬가지로 새로 알게 된 개념이 있을 거예요. 책에 제시된 수많은 경제 개념 중에서 이 아이는 '기회비용'과 '매몰비용'에 집중하여 썼습니다. 책에 나온 개념을 이해한 후에 아이의 생활 속에서 관련 경험을 이야기하도록 글 대화를 나눈 후에 쓴 글입니다.

다음은 '환경 도서'를 읽고 쓴 독서록입니다.

4. 환경 도서 독서록	해당 도서
환경 도서에 나온 환경 문제를 설명하고 내 생활 속에서 실천하거나 고쳐야 할 점에 대해 쓴다. (중, 고학년)	푸른 지구를 만들어요 / 엘렌 사빈 / 문학 동네
책에서 언급한 환경 문제와 관련된 나의 경험을 일기처럼 쓰기	'하, 왜 또 안되는거야?' 오늘도 그림이 안 그려진다. 오늘 컨디션이 안 좋은 것 같다. "누나, 이게 다 뭐야? 다 정리해! 나 안 도와줄거야!" 으, 또 잔소리, 잔소리하는 동생이다. "은지야! 이게 뭐니? 이거 다 버리고 숙제해!" 엄마도 동생 편이신가보다. 그런데 잘 생각해 보니까 내가 종이를 10장 이상 낭비하긴 한 것 같다.
위에 쓴 경험과 관련된 환경 문제 (책 내용 정리하여 쓰기)	그런데 오늘 '푸른 지구를 만들어요.'라는 책을 읽어 보니까 쓰레기를 땅에 묻을 때마다 우리는 지구의 자원인 땅을 사용하고 오염을 시키는 거라고 했다. 이제 쓰레기를 묻을 땅도 얼마 남지 않았다고 한다.
위에 쓴 경험과 관련된 환경 문제 (책 내용 정리하여 쓰기)	또 쓰레기를 태우면 재가 되고 그것을 땅에 묻는다. 게다가 쓰레기를 태울 때 나오는 더럽고 해로운 연기 때문에 나오는 공기가 오염된다. 쓰레기를 묻은 땅 주변도 오염된다. 보기도 안 좋고 동물에게까지 영향을 준다고 한다.
1문단에 쓴 나의 행동을 어떻게 변화시킬지 쓰기	그래서 이제부터 종이를 쓸 만큼만 쓰겠다고 생각했다. 예를 들어 하루에 3장 정도만 쓰는 것이다. 그림 그리는 것을 좋아하지만 그림 그릴 때도 종이를 아껴야겠다. 　　　　　　　　　　　　　　　　　　　－ 고양 화수초 정은지

➡ 아이들이 가장 잘 쓰는 글은 자신의 생활과 관련된 글입니다. 생활 이야기로만 마치면 생활글이나 일기가 되고 이렇게 읽은 분야의 도서와 접목시키면 그 분야의 독서록이 되는 것입니다.

➡ 책에 나온 여러 환경 문제 중에서 쓰레기 문제, 그중에서도 '종이'에 대한 부분을 읽고 아이가 자신이 종이를 낭비한 경험에 대해 이야기를 나누고 썼습니다. 환경 → 쓰레기 → 종이 이렇게 주제가 좁혀질수록 글 쓰기가 더 쉽습니다.

다음은 비문학 중에서 '인물 이야기'를 읽고 쓴 독서록입니다.

5. 인물 도서 독서록	해당 도서
인물의 입장이 되어서 삶을 소개하고 자기 삶에 대한 소감이나 현재를 사는 이들에게 하고 싶은 말을 쓴다. (중,고학년)	해바라기를 사랑한 반고흐 / 김미진 / 파랑새 어린이
인물 입장이 되어 자기의 생애를 간략히 소개하기	제 이름은 빈센트 반고흐입니다. 저는 동생 테오와 같이 살았고, 고흐의 방, 감자 먹는 사람들, 별이 빛나는 밤, 고흐의 해바라기 같은 그림을 그렸습니다. 저는 1853년 3월 30일에 태어나서 1890년 7월 37세의 나이로 죽었습니다.
살면서 힘들었던 점 쓰기	저는 어디를 가도 사람들에게 쫓겨났어요. 살면서 그것이 가장 힘들었습니다. 그래도 저는 포기하지 않고 여러 동네를 다니며 그림을 그렸습니다.
고마웠던 사람에 대해 쓰기	저는 살면서 많은 사람을 만났습니다. 그중에서 우체부 롤렝씨가 기억이 납니다. 참 고마웠습니다. 왜냐하면 제가 어떤 곳에 가더라도 사람들은 손가락질을 했는데 롤렝씨만 저를 집에 초대를 해 주고 저에게 친절하게 대해주었기 때문입니다.
사람들에게 하고 싶은 말 쓰기	여러분, 요즘 제 그림을 많이 본다고 들었습니다. 제 그림을 보고 사랑해 주셔서 감사합니다. – 고양 화수초 신지선

➡ 인물 이야기는 본래 어렵습니다. 그래서 이렇게 그 인물의 입장이 되어서 자기를 소개하는 글을 써 보면 아이들이 조금 더 수월하게 씁니다.

➡ 모든 인물은 역경과 고난을 겪고 성취도 이룹니다. 따라서 '가장 힘들었던 일' 혹은 '가장 행복했던 일'을 중심으로 쓰게 해 주시면 좋습니다.

➡ 이 글은 쓰기 전에 '인물 인터뷰'를 먼저 하면 좋습니다. 아이가 인물이 되었다는 가정하에 지도하는 사람이 질문을 하는 것이지요. 그 질문에 답한 내용을 글로 옮기면 쉽게 쓸 수 있습니다.

다음은 비문학 중에서 '사회문화 도서'를 읽고 쓴 독서록입니다.

6. 사회문화 도서 독서록	해당 도서
책에서 말하는 사회 문제를 정리하고 우리가 실천할 수 있는 점에 대해 쓴다. (고학년)	넌 네가 얼마나 행복한 아이인지 아니? / 조정연 / 와이즈만 북스
책의 주제나 소재에 대해 생각해 본 경험 + 책의 간단한 소개	아동 노동에 대해 생각해 본 적이 단 한 번이라도 있을까? 나는 한 번도 생각해 본 적이 없는데 세계 여러 나라에는 그걸 당하는 아이들이 있다. 이 이야기를 알게 된 것은 '넌 네가 얼마나 행복한 아이인지 아니?' 라는 책이다. 이 책에는 옛날의 하녀처럼 일하는 아이, 목화밭에서 일하는 아이, 팔려가는 아이들이 나온다.
가장 기억에 남는 이야기 소개와 그 이야기를 읽고 난 후 나의 생각이나 소감	목화 따는 아이들 이야기에는 우즈베키스탄의 아이들이 나온다. 아이들이 행복하게 사는 이야기가 결코 아니다. 9살 아이도 목화를 따야 한다. 원래는 중학생부터 시켰다고 하지만 나는 중학생도 일을 하면 안 된다고 생각한다. 뜨거운 태양아래의 목화밭에서 정해진 무게를 맞추어 가면서 그 가벼운 목화를 정해진 무게까지 가지고 가는 건 너무도 힘들 것이다.
가장 나쁘다고 생각되는 어른들이 한 일과 그 어른 들을 보고 하고 싶은 말	이 이야기에는 나쁜 어른들이 많이 나온다. '목화 따는 아이들'에서는 학교도 안 보내고 목화따는 일을 시키는 나쁜 어른들이 나온다. 아이들은 공부를 할 권리가 있는데 일을 시키다니 슬픈 일이다. 그 어른들은 참 나쁘다.

우리가 도울 점	우리가 이 아이들을 어떻게 도와야 할까? UN같은 국제 기구에서는 아동노동 등의 부서를 만들어서 잘 못한 사람들을 처벌해야 한다. 우리 또한 굿네이버스 같은 곳에 편지나 기부금을 보낼 수 있다. 아니면 가난한 나라에서 만든 물건을 수입하여 도우면 좋겠다.
내 생활을 돌아보고 새롭게 실천할 점이나 다짐	내 생활도 돌아보았다. 행복한 생활이었다. 어디 팔려가지도 않고, 폭력을 당하지도 않는다. 강제 노동 또한 하지 않는다. 부모님과 선생님, 친구 등 좋은 사람들이 주변에 많다.
	이런 삶을 행복하다 여기고 살아야겠다. 공부하기 싫어서 짜증날 때, 학교도 못 가는 아이들이 있다. 그 친구들이 노동할 때 나는 친구들과 놀고 있다. 영양실조로 죽어가는 아이들이 있을 때 소파에 앉아 책을 보고 있을 수도 있다. 이런 내 삶을 행복하게 여겨야겠다. – 고양 화수초 김서영

➡ 사회문화 도서가 다루는 주제는 아주 방대합니다. 그중에서 이 도서는 아동노동을 포함한 아동 인권 침해에 대한 내용을 다루고 있습니다.

➡ 사회문화 주제는 어려울 수 있어서 이 주제에 대해 알고 있던 내용이나 평소 생각을 서두에 쓰고, 가장 기억에 남는 책 속 사건이나 내용을 정리하도록 했습니다. 그 후 해결 방안 등에 관해 서술해 나가면 좋은 독서록이 될 수 있습니다.

한 걸음 더,
독서록 완전 정복

다음은 『길모퉁이 행운돼지』(김종렬, 다림)라는 작품을 읽고 나눈 책 대화입니다. 아이들과 나눈 이야기가 어떻게 글 대화로 바뀌며, 또 글이 되는지 살펴보겠습니다.

책 대화(글 대화)

　나 : 이 책 어땠어요?

아이 : 진짜 재미있었어요. 특히 사람들이 돼지가 되는 거요.

　나 : 그랬군요. 사람들이 왜 돼지가 되었나요?

아이 : 길모퉁이 돼지한테 행운의 물건을 얻었거든요.

나 : 아, 그랬구나. 진달래 마을에 갑자기 나타난 행운돼지가 참 흥미롭지요? 그런데 사람들은 왜 행운의 물건을 받았을까요?

아이 : 사람들은 행운을 바라잖아요.

나 : 아, 그렇군요. 혹시 사람들이 행운을 바라는 모습을 본 적이 있나요? 친구들이나 어른들 중에서요.

나 : 음, 네! 학교 선생님이 말씀해 주신 건데, 사람들이 행운을 좇다가 행복을 잃는대요. 네잎클로버 꽃말이 행운이고 세잎클로버 꽃말이 행복인데, 사람들이 네잎클로버 찾느라고 세잎클로버를 밟잖아요.

나 : 듣고 보니 정말 사람들이 자신도 모르는 사이에 행복을 밟아버리네요. 그럼 책 이야기를 조금 더 자세히 해 봐요. 사람들이 돼지가 되고 나서 마을에 어떤 변화가 생겼나요?

아이 : 사람들이 어느 버스에 실려 갔어요. 주인공 부모님도 돼지가 되었고요.

나 : 아, 그럼 주인공 부모님도 버스에 실려 갔나요?

아이 : 다행히 남았어요. 자기가 얻은 행운 물건을 직접 깨뜨려야 다시 사람이 된다고 해서 아이가 노력하고 있고요.

나 : 그럼 이야기가 마무리되지 않고 끝난 열린 결말이군요. 그럼 그 뒷이야기가 어떻게 될지 생각해 볼까요?

아이 : 음, 아마 한 번은 용서를 받지 않을까요. 사람이 될 것 같아요. 아! 그 돼지가 혹시 자기도 행운을 좇다 돼지가 된 거라서 복수처럼 그러는 건 아닐지 모르겠어요.

나 : 정말 그럴 수도 있겠어요. 기발한 생각이에요. 그렇다면 우리는
'행운'에 대해 어떤 생각을 갖고 살면 좋을까요?

아이 : 행운보다는 행복을 택하면 좋겠어요. 그럼 행운도 저절로 오지
않을까요?

아이와 나눈 대화를 비슷한 내용끼리 묶어 아이에게 보여주었습니다.

줄거리

책 읽은 소감

행운을 좇는 사람들의 모습의 예

행운에 대한 생각

행운만을 좇는 사람들에 대한 비판

그리고 이 내용을 자유롭게 배치하여 글을 쓰도록 하였더니 아이가
다음과 같이 글을 썼습니다.

행운을 좇는 사람들의 모습의 예	사람들은 왜 행운만을 좇을까? 예를 들어 사람들은 네잎클로버만을 찾는다. 세잎클로버는 보지도 않고. 네잎클로버의 꽃말은 행운이다. 하지만 세잎클로버의 꽃말은 행복이다. 사람들도 이렇다. 행운만을 좇다가 행복을 버리거나 놓치는 것은 아닐까? 그리고 행복하게 살면 가난해도 즐겁지만 행운만을 좇고 살면 자신이 아무리 억만 장자라고 해도 언제나 불행할 것이다.

줄거리	'길모퉁이 행운돼지'의 내용은 행운에 관한 이야기이다. 행운돼지라는 가게가 생기고 그 가게에서는 하루에 단 10명에게만 신기한 물건을 공짜로 준다고 한다. 그런데 그 신기한 물건을 가진 사람들은 하나둘씩 돼지로 변하고 차에 실려 간다. 그리고 주인공은 엄마와 아빠를 저주에서 풀고 싶어 하고 이야기는 끝이 난다.
책 읽은 소감	이 책을 보고 느낀 점은 진짜 사람들의 욕심은 끝이 안 보인다는 것이다. 욕심은 불행을 만든다. 행복하게 살면 되지 왜 괜히 욕심을 부려서 돼지가 된 것일까?
행운만을 좇는 사람들에 대한 비판	사람들은 행운을 얻으려는 탐욕스러운 허황된 꿈을 많이 꾼다. 대표적인 것은 도박, 복권, 현질(게임의 재화를 돈을 주고 실제로 사는 것)등이 있다. 예를 들어 10억을 얻으려다가 100억을 잃는 것보다는 월급 100만 원을 꼬박꼬박 받는 것이 더 행복할 것이다. 복권도 한 번에 몇 십 몇 백만 장이 나오는데 거기에서 1등이 될 확률은 극히 적다. 또 현실은 어차피 실제로 있지도 않은데 자신의 캐릭터를 강하게 하려는 어리석은 짓이다.
행운에 대한 생각	행운은 원하고 욕심을 부리거나 노력을 한다고 생기는 것이 아니다. 남을 도와주고 배려하고 행운보다는 행복을 수구한다면 그런 사람에게는 행운이 저절로 올 것이다. – 고양 화수초 임진욱

우리 아이
진짜
글쓰기

아이들 글을
보는 시선

아이 글을 읽어야 아이를 이해할 수 있다
아이들 글을 볼 수 있는 축복과 자격
초등 글 고치기의 10가지 기준
아이 글을 버리지 마세요

아이 글을 읽어야
아이를 이해할 수 있다

우리는 늘 말을 하며 삽니다. 여러 의사소통 수단이 있지만 말로 많은 의사소통을 하지요. 아이와도 늘 대화를 합니다. 한집에 같이 살며 일상의 많은 부분을 공유하기 때문에 일상 대화부터 시작해 서로의 일에 대한 이야기까지 자연스럽게 나누고는 합니다. 그렇다면 우리는 자녀의 말을 온전히 다 듣고 이해하고 있는 것일까요? 반대로 자녀는 부모의 마음을 잘 알고 이해하고 있을까요?

같은 말도 글로 옮기면 느낌이 사뭇 다릅니다. 느낌이 다르면 이해가 다르게 되기도 합니다. 이런 현상은 왜 발생하는 것일까요?

말과 글이 가진 장단점 때문입니다.

입으로 뱉은 말은 휘발됩니다. 그 자체로 이미 온전치 못하다는 뜻이지요. 우리가 남에게 들은 '말'을 있는 그대로 기억하지 못하고 왜곡해서 기억하기 쉽다는 사실을 아시지요? 상대의 말을 들을 때는 듣는 사람의 심리 상태나 상황에 따라 다르게 기억될 수밖에 없고, 했던 말은 날아가 버리기 때문에 들은 사람, 한 사람의 말 중 누구의 말이 진실인지 확인하기 어렵습니다. 서로에게 다르게 기억되는 '말' 때문에 종종 말다툼하는 것도 이런 이유입니다.

또한, 말은 하는 사람의 의지가 더 강합니다. 빠른 속도로 하기도 하고 느린 속도로 하기도 합니다. 크게 하기도 하고 작게 하기도 합니다. 즉 말하는 사람의 의지나 상황에 맞추어 들어야 하기 때문에 듣는 이는 온전히 다 받아들일 수 없습니다. 속도뿐 아니라 말하는 이의 억양이나 제스처도 말이 온전히 전달되지 못하게 하는 요인이 되기도 합니다.

반면 글은 고정되어 있습니다. 그래서 자기만의 속도로 읽을 수 있습니다. 천천히 읽을 수도 있고 빠르게 읽을 수도 있습니다. 읽다가 멈추어 생각할 수도 있고, 차 한 잔을 마시며 쉬었다가 읽을 수도 있습니다. 이러한 이유로 글을 쓴 사람의 생각을 더 깊이 이해하고 마음을 더 자세히 들여다볼 수 있습니다. 한 마디로 글을 읽는 사람의 의지가 더 강하기 때문에 이해할 여지도 커진다는 것이지요.

물론 역으로도 성립합니다. 글보다 말이 더 잘 이해되기도 합니다. 글은 쓴 사람의 몸짓, 어투 등을 느낄 수 없기 때문에 오히려 실제와 다르게 전달되기도 합니다. 우리가 문자로 소통하다 보면 오해가 생기는 이유가 그것입니다.

그럼에도 불구하고 굳이 글의 한계보다 말의 한계를 더 강조해서 이야기하는 이유가 있습니다. 우리가 평소에 주로 '말'로 소통하기 때문입니다. 그 말의 한계를 극복할 수 있는 것은 '글'입니다. 서로 대화를 통해 다 안다고 생각했지만, 서로에게 쓴 편지, 즉 '글'을 읽고 서로의 마음을 더 잘 이해하게 된 경험이 한 번쯤은 있으실 거예요. 즉, 우리가 아이를 더 잘 이해하려면 '말'이 중심이 되는 대화도 물론 중요하지만, 아이의 '글'을 읽는 것도 중요합니다.

특히 어른들보다 아이들과의 소통에서 말보다 글이 더 빛을 발하는데 그 이유를 말씀드리려고 합니다. 아무리 평등하고 민주적인 가정이라도 해도 어른과 아이 사이이기 때문에 우리는 본의 아니게 상하 관계의 소통을 할 때가 있습니다. 아이의 생활 태도나 공부 등에 대한 이야기는 아무래도 일방적으로 명령하기가 쉬우니까요. 이런 분위기 때문에 아이들은 자신의 마음을 '말'로 마음껏 표현하지 못할 때가 있습니다.

또 한 가지 중요한 이유가 있습니다. 아이들은 어릴수록 어휘의 부족이나 표현의 한계로 말에 마음을 다 담지 못할 때가 있습니다. 그래서 의사전달이 온전히 되지 못합니다. 물론 글로 쓴다고 해서 갑자기 표현력과 어휘력이 생겨서 온전히 의사를 전달하지 못합니다. 글이 익숙해지기 전까지는 글로 표현하기가 더 어렵기도 합니다. 다만 글은 천천히 속도를 조절하여 쓸 수 있다는 장점이 있습니다. 그 과정에서 대면하여 말로 할 때보다 생각을 더 상세히 담을 수 있기 때문에 의사 전달이 더 잘 될 수 있다는 것이지요.

이는 제가 글을 쓰면서 매 순간 느끼는 것입니다. 엄청난 달변가가 아닌 이상에는 천천히 글을 쓰는 순간 더 생각하게 되고 묘사도 자세해지기 마련입니다. 예컨대 저는 지금 '아이 글을 읽어야 아이 마음을 이해할 수 있다.'라는 이 내용을 전달하기 위하여 글을 쓰고 있습니다. 이 내용을 말로 전달했을 때의 장점도 물론 있겠지만 이렇게 속도를 조절하고 이해를 돕기 위한 여러 설명을 덧붙이면서 글로 썼을 때 의사가 더 잘 전달되기도 합니다. 아이 글을 읽어야 아이를 더 잘 이해할 수 있다는 제 말의 뜻을 이해하실는지요.

아이 글을 읽어야 하는 이유는 또 있습니다. 살다 보면 말로 표현하기에는 부끄러운 마음이 있기 마련입니다. 내 앞에 말하고자 하는 대상이 있을 때 오히려 말하기 어려운 마음도 있습니다. 그래서 인간에게는 글쓰기라는 축복이 있는지도 모르겠습니다.

아이들 또한 말로는 하지 못해도 글에는 담는 마음이 있어요. 다음 글을 한 번 읽어보세요.

나는 엄마가 원망스럽다. 숙제를 하고 있으면 11시쯤 집에 돌아오셔서 씻으신다. 그리고 바로 주무신다. 쉬는 날에도 잘 놀아주시지 않는다. 그래서 주로 친구들과 논다. 집에서는 이모와 보내는 시간이 더 많다. 엄마는 잘 놀아주시지 않으면서 힘들다고 하신다. 나는 그것이 싫다.

내 학원 때문일까? 아니면 엄마가 좋아하는 여행 때문일까? 엄마가 왜 일을 하는지 생각하면 순간적으로 이런 생각이 든다.

그런데 문득 5살 때 일이 생각난다. 그 때는 엄마가 집근처 회사에서 일을 하셔서 자주 놀러갔다. 낮에 가면 손님들로 붐벼있다. 그리고 한쪽에서 손님과 일을 보는 엄마 모습이 보였다. 엄마는 손님이 오시자 웃는 얼굴로 대화를 하셨다. 그렇게 활짝 웃으면 얼굴에 경련이 일어나지 않을까? 생각이 들기도 했다.

손님이 다 가시고 이제 정리하려고 출입문을 닫았다. 그제서야 엄마에게 가니 손님을 보시고 웃으실 때처럼 나에게도 웃어주셨지만 힘들어 보이셨다. 엄마 책상 한 쪽에는 과자가 있었다. 끼니를 잘 챙겨 드시지 않으시고 주무시는 엄마가 먹어야 할 과자 같은데 항상 나를 위해 남겨주셨다. 집에 돌아와 엄마의 팔을 주물러 드리기도 했다.

어제는 같이 자려고 누웠다. 엄마한테 왜 일을 하냐고 물었다. 그랬더니 엄마는 나를 키워야 하고 학원도 보내야 하기 때문이라고 하셨다. 주말에는 나와 여행을 가서 좋은 추억을 만들기 위해서라고 하셨다. 그 말을 들으니 엄마를 원망한 내 자신이 너무 부끄럽고 죄송스러웠다. 항상 다른 사람을 도와주시는 엄마의 모습이 떠오르면서 자랑스럽게 느껴지기도 했다.

오늘 읽은 책에는 우리집과 비슷한 이야기가 나왔다. 제목은 '손수레에 핀 사랑의 꽃'이다. 이 책의 주인공도 아버지의 직업을 원망했지만 나중에 선생님으로부터 들은 아버지가 하시는 말을 듣고 아버지를 존경하게 된다.

나 역시 엄마를 더욱 존경해야겠다. 그리고 엄마 같은 사람이 되고 싶다.

6학년 익명

저와 독서수업을 했던 아이의 글인데, 아이는 저에게 엄마에 대한 이야기를 종종 했습니다. 주로 '과도한 학원 숙제가 힘들다?'는 이야기로 시작했지만 대화를 이어 가다 보면 자연스럽게 엄마 이야기를 할 수밖에 없었지요. 아이의 말의 요지는 늘 '엄마가 학원을 좀 줄여주거나 숙제가 적은 곳으로 옮겨주면 좋겠다.'는 것이었습니다. 자신이 얼마나 힘든지 늘 이야기했고, 학원을 옮겼으면 하는 이유도 제법 논리적으로 이야기하였습니다.

저에게 했던 말을 엄마에게도 하면 좋을 것 같다고 아이에게 말해주었습니다. 실제로는 엄마와 나누어야 하는 대화니까요. 하지만 업무가 많은 회사를 다녀 늘 늦게 오시는 엄마는 오시면 바로 숙제했는지만 체크하시고 주무시기 때문에 이런 자신의 마음을 전달할 틈이 없다고 했습니다. 시간이 있을 때 학원에 대한 이야기를 넌지시 해 본 적이 꽤 여러 번 있지만 '다 너를 위한 것'이라는 엄마의 말에 더는 말하기 어려웠다고 합니다.

이 글을 쓴 날도 늘 일 때문에 늦게 오시는 엄마에 대한 원망과 서운함을 담아 이야기하다가 엄마에 대한 글을 써 보기로 하였습니다. 대화할 시간도 없고, 있다고 해도 말로 전달하지 못하는 상황이라면 글을 쓰면 되니까요. 글쓰기가 필요한 순간이기도 하였습니다.

그렇게 쓴 글이 위의 글입니다. 처음에는 원망으로 시작한 글이지만 쓰면서 옛 기억을 떠올리며, 그리고 최근 엄마와의 짧았던 대화를 떠올리며 엄마에 대한 감사로 글은 마무리되었습니다. 그래도 한 켠에는 엄마에 대한 서운함이 남아있겠지요.

그런데 아이가 이 글에 담긴 마음을 '말'로 온전히 엄마에게 전달할 수 있을까요? 이 마음 그대로 전달하기는 어려울 거예요. 부끄럽기도 할 거고요. 학원을 이야기하면 너를 위한 것이라는 말 한마디에 늘 그다음이 대화로 이어지기 힘들었고, 이런 엄마의 반응 때문에 마음을 다 표현하지 못하는 상황이었습니다. 꼭 그런 경우가 아니라고 해도 이렇게 생각과 마음을 '말'로 전달하기 쉽지 않다는 것을 누구나 알 것입니다.

가족은 늘 보는 사이이니 서로가 원하는 바를 잘 이해할 것이라고 생각하기 쉽습니다. 하지만 늘 보기 때문에 오히려 그렇지 않다는 것을 우리는 모두 압니다.

이 아이의 어머님은 이 글을 읽으시고 아이의 생각을 좀 더 알게 되셨다고 했습니다. 아이 마음을 몰라주어서 미안하다는 말씀도 하셨지요. 그동안 아이가 힘들다는 말을 꽤 했지만 그 정도로 힘든 줄은 몰랐다고 했습니다. 결국, 중학교 입학을 앞둔 겨울 방학 엄마는 아이의 학원을 조정해 주기로 하였습니다.

종이에 아이들의 마음을 담을 기회를 주세요.

종이는 참 너그럽습니다. 글을 쓰는 사람이 어떤 말을 해도 다 받아줍니다. 그 너그러운 종이에 슬며시 보인 마음을 읽어주세요. 아이 말에 귀를 기울이는 것이 아이 이해의 시작이라면 아이 글을 읽는 것은 아이 이해의 완성이라고 말하고 싶습니다. 물론, 더 사려 깊은 엄마라면 말로도 글로도 표현하지 못한 마음도 읽어줄 수 있을 거예요. 어른보다는 말하기와 글쓰기가 자유롭지 못한 아이들은 행동과 눈빛으로도 많은 말을 하니까요.

마음을 온전히 담아내기에는 초등 아이들은 아직 표현력이 부족하다는 것을 다시 강조합니다. 천천히 글에 쓰는 것처럼 술술 풀어 말할 수 있으면 좋겠지만 쉽지 않은 일이지요. 결국, 우리는 아이의 글을 읽기 전에 글을 쓸 기회부터 주어야 합니다. 그리고 어른들은 아이들의 글을 읽어야 합니다. 그 글 안에 내 아이가 담겨 있습니다. 아이 글은 아이 마음을 읽을 수 있는 좋은 선물이라고 생각해 보세요. 평가의 마음으로 보려는 마음이 사라질지도 모르겠습니다.

글을 쓸 기회를 주고 그 글을 평온한 마음으로 읽는 것, 어른들이 할 수 있는 아이에 대한 배려입니다.

아이들 글을 볼 수 있는
축복과 자격

글을 보는데 필요한 열린 시선과 따뜻한 마음

저는 블로그를 운영합니다. 블로그는 글을 게시하는 순간부터 타인이 볼 수 있기 때문에 독자의 반응을 빨리 알 수 있습니다. 몇 년간 꾸준히 글을 쓰다 보니 늘 제 글을 챙겨 읽고 댓글로 소통하는 고마운 이웃들을 만나게 되었습니다. 댓글을 읽다 보면 저마다 글을 읽고 집중하는 부분이 다릅니다. 같은 내용인데도 반응이 다르다는 당연한 사실도 수시로 자각합니다.

가끔은 긴 댓글로 글에 대한 자신의 생각이나 삶의 이야기들을 풀어 놓는 분들도 만납니다. 댓글이 또 한 편의 작은 글이라는 느낌이 들 만큼 완성도가 높을 때도 있습니다. 그런 댓글을 읽다 보면 저의 글을 진중

하고 깊게 받아들임에 감사한 마음이 생깁니다. 글을 자신의 삶의 이야기와 연관 지어 잘 풀어낸 댓글을 보면 감탄하기도 합니다.

부족한 필력으로 쓴 글을 읽고 자신의 삶에 곁들여 숨은 의미까지 해석하고, 제가 상황상 생략한 부분까지 읽어내는 분들, 때로는 급히 쓴 글에 문법적 오류가 있음에도 불구하고 전달하는 메시지에 더 집중하여 글을 파악하고 자신의 마음마저 풀어놓는 분들의 공통점은 무엇일까요.

저는 그것이 열린 마음과 따뜻한 시선이라고 생각합니다. 글을 읽는 사람의 마음이 열려 있으면 글쓴이가 전하는 메시지에 집중하게 됩니다. 몇몇 오류가 있어도 그것에 집중하기보다 필자가 전하려는 메시지를 파악하려고 노력합니다. 문맥의 어색함이 느껴지거나 기타 여러 이유로 다소 부족한 글이어도 글에 담긴 의미를 파악하는 데 중점을 두고 읽으니 같은 글을 읽은 다른 이에 비해 더 많은 것을 얻을 수 있습니다.

반면에 같은 글을 읽고도 글쓴이에 대해 이미 좋지 않은 마음과 날선 생각이 있으면 글이 잘 받아들여질 리가 없습니다. 문법적 오류나 논리의 오류만 찾게 되고 전하는 메시지마저 이리 꼬고 저리 꼬아 읽느라 투자한 시간마저 의미 없이 소비해 버리는 더 큰 오류를 범하게 되지요. 저에게 이미 좋지 않은 마음이 있는 분들은 그 어떤 글도 날 선 마음으로 읽고 꼬아서 받아들여 결국 읽은 시간을 허비하는 것도 종종 알게 됩니다.

완성도가 떨어지고 오류가 많은 글을 모두 수용하라는 뜻은 아닙니다. 내용을 비판 없이 받아들이라는 뜻도 아닙니다. 타인이 긴 시간 공들여 쓴 글을 자신의 시간과 노력을 들여 애써 읽고자 하는 사람이라면 적어도 저자가 전하는 메시지를 객관적 시선으로 파악하려는 정도의 노력은 기본이 아닐까 하는 것입니다.

아이들 글도 열린 마음으로, 따뜻하게

아이들 글을 보는 시선도 이와 다르지 않습니다. 아이들 글을 보려면 어른 글을 읽는 것만큼이나 열린 마음과 따뜻한 시선을 기본으로 두어야 합니다. 글씨가 엉망이고 맞춤법이 많이 틀려도, 심지어 여러 번 읽어야만 해석이 될 정도의 완성도가 떨어지는 글이어도 우선은 아이가 글에 담으려고 한 마음과 생각을 읽어주는 것이 우선입니다.

다소 부족하더라도 자신의 생각을 글에 담기 위해 애쓴 아이의 입장을 생각해 보세요. 요즘은 대부분의 사람이 SNS를 하지요. 내가 SNS에 쓴 글을 읽고 누군가 내가 전하려는 의미보다는 다른 것에 초점을 맞추어 지적하거나 오류부터 언급하여 불쾌했던 경험이 혹시 있으신가요? 그런 경험을 하신 분이라면 아이의 글을 볼 때 어떤 마음이어야 하는지 제가 말씀드리지 않아도 잘 아시리라 생각합니다.

때로는 그다지 길지 않은 글이고 지나치게 못 쓴 글도 아닌데 글을 통해 내가 말하고자 하는 바를 파악하지 못하고 지극히 자기중심적으로, 자신의 입장에서만 해석하는 반응에 허탈한 경험 또한 한 번쯤은 있을 것입니다. 그런 순간 어떤 생각이 드시던가요?

다소 부족해도 글의 요점을 파악하여 마음을 읽어주는 사람, 그런 사람이 한 사람이라도 있다면 글은 더 쓰고 싶어지기 마련입니다. 반대로 읽을 때마다 지적하고 지극히 주관적 감정과 상황을 기준으로 해석을 하며, 깊이 이해하려 하지 않고 가벼운 해석만 하는 이만 있다면 그에게는 글을 보여주기도 싫을뿐더러 관계에도 문제가 생길 것이 분명합니다.

아이들 글을 가벼운 마음으로 읽지 않았으면 합니다. 아이들 글을 읽을 수 있다는 것이 축복이라는 점도 잊지 않았으면 합니다. 그 나이에만 쓸 수 있고 그 나이라서 실수하는 점들이 있습니다. 아이들이 자신들의 생각과 마음을 글에 마음껏 표현하기에는 그 글을 보는 어른들 시선은 너무나 편협하며 마음은 닫혀 있고 생각은 굳어 있습니다.

'어디 잘 썼나 보자.' '어느 부분을 고쳐줄까 보자.'의 마음보다는 '아이가 자신의 마음을 어떻게 표현했을까?', '그 마음을 어떻게 받아주어야 할까?'라는 마음이 우선입니다. 마음을 열고 따뜻한 시선을 갖는 것, 아이들 글을 보는 절대적 기본 원칙입니다.

초등 글 고치기의
10가지 기준

지적보다 마음 읽기가 우선

고칠 것을 찾기보다 글에 담긴 마음을 읽기 위해 노력하셨나요? 그다음으로 해야 할 일이 바로 고치기입니다. 아이들 글을 따뜻하게 본다는 것이 절대 손을 대지 말고 고치지 말라는 의미는 아닙니다. 우선순위에 대한 이야기입니다. 마음을 읽어주고 충분히 소통한 후에는 고치기도 필요하니까요.

다시 말하면 '이 글자 또 틀렸네?'라는 반응보다 '아, 오늘 이런 일이 있어서 네가 속상했구나.' 라는 반응이 우선되어야 한다는 것입니다. 그런데 우리 어른들은 자신도 모르는 사이에 지적부터 하게 되는 경우가 꽤 많습니다. 아이 글을 평가의 대상으로만 보기 때문입니다. 아이가 앞으로도 같은 것을 계속 틀릴까 봐 염려하는 엄마의 마음, 혹은 직업 정신이 투철한 선생님의 첨삭 욕구를 물론 이해합니다. 그래도 우선순위는 잊지 마시기를 부탁드리고 싶습니다.

고칠 것이 없는 글을 위한 '글 대화' 글쓰기

그렇다면 글 고치기는 또 어떻게 해야 할까요? 우선 이 책을 여기까지 읽으신 분은 아마 짐작하셨으리라 생각합니다. 저는 이 책의 전반에서 글을 쓰기 전의 글 대화를 계속 강조하였습니다. 그 이유는 바로 '첨삭'하지 않는 글을 위해서입니다. 조금 더 정확히 말하면 고칠 것이 많지 않은 글을 쓰게 하는 것이 글 고치기보다 선행되어야 한다는 것이지요.

실제로 글을 쓰기 전에 충분히 대화를 나누어 쓸 거리를 정하고 글을 구성하여 쓰면 생각보다 고칠 것이 별로 없습니다. 하지만 우리는 우선 글을 쓰게 한 후에 그 글에 대공사를 하는 경우가 많습니다. 그럼 아이들은 글쓰기 상처를 갖게 되거나 못 쓴다고 생각하여 글쓰기 자신감을 잃습니다.

생각해 보세요. 내가 쓴 글에 누군가 빨간 펜으로 잔뜩 교정부호를 해 놓는다면 어떤 기분일까요? 스스로 첨삭을 원했다고 해도 그 기분이 마냥 좋지만은 않을 것입니다. 그래서 우리는 초등 글 첨삭에 대해 이해할 필요가 있습니다.

1. 첨삭할 것이 별로 없는 글을 쓰도록 지도합니다

방금 말씀드린 것이지요. 이를 더 자세히 이해하기 위해서는 '첨삭'에 대한 이해도 필요합니다. 첨삭은 첨가하거나 삭제한다는 뜻입니다. 그런데 이는 어느 정도 '완성도' 있는 글일 경우에 가능합니다. 전체적으로 구성이나 흐름이 이상한 글을 첨삭하려고 하면 종이가 완전히 빨간 펜으로 물들어버릴 것입니다. 그런데 우리는 완성도가 현저히 떨어지는 글에도 교정 부호를 잔뜩 채워놓아 도대체 무엇을 어떻게 고쳐야 하는지도 모르게 하는 경우가 있습니다. 최대한 고칠 것이 적은 글을 쓰도록 쓰기 전 글 대화를 많이 해주세요.

2. 다시 쓰기보다 다른 글을 쓸 때 미리 알려주세요

글을 쓰는 것은 매우 힘든 일입니다. 자신의 글을 첨삭한 내용에 따라 다시 쓴다는 것은 더욱 힘듭니다. 그런데 우리는 한 편의 글에 거의 난도질을 하다시피하고 그 글을 다시 쓰게 하는 경우가 종종 있습니다. 어쩌면 이는 아이가 이왕 쓴 글을 어떻게든 최고의 글로 만들려는 어른들의 욕심에서 기인한 것은 아닐까요?

만약 아이들에게 자신의 글을 두 번, 세 번 고쳐 쓰라고 한다면 아이는 그 글은 더 완성도 있는 글로 만들지 모르겠지만 글쓰기는 더 싫어하게 될 것이 분명합니다. 초등 글쓰기도 책 읽기처럼 지겹고 어렵고 재미없다는 부정적 감정이 먼저 자리 잡히면 아무리 어르고 달래도 지속해서 즐겁게 하기 어려워집니다.

그렇다면 어떻게 해야 할까요? 어차피 아이들은 살면서 계속 글을 써야 합니다. 그렇다면 이번 글에서 부족했던 점을 다음 글을 쓰기 전에 미리 알려주고 그 글에서는 같은 실수를 하지 않도록 돕는 것이 좋습니다. 그것이 훨씬 효율적이고 현실적입니다.

예를 들어, 문장을 너무 길게 쓰는 아이라면 한 번 쓴 글에 교정부호를 잔뜩 넣어 모두 고쳐 쓰게 하는 것보다 다음 글을 쓸 때 미리 문장을 길게 쓰지 않도록 돕거나 유도하는 것이 좋다는 것입니다. 문단 나누기를 잘 안 하는 아이라면 다음 글을 지도할 때 문단 나누기에 대해 미리 더 설명해 주는 것이 좋다는 것이지요.

이것이 가능하려면 아이들 글을 보는 어른들 마음을 바꾸어야 합니다. 우리는 어쩌면 아이가 쓰는 모든 글을 학습의 일환으로 보고 있지는 않은지요? 그렇다면 다음에 더 잘 쓰게 미리 지도하겠다는 너그러운 마음을 갖기 어렵습니다. 오늘 쓴 글을 당장 고쳐 쓰세 하고 싶겠지요. 아이들 글은 쪽지시험이 아닙니다. 중간고사나 기말고사는 더욱 아닙니다.

물론 예외는 있습니다. 대회에 나가거나 학교 글쓰기 행사 등에 제출하는 글이라면 다음 글이 아니라 이번 글을 고쳐야 합니다. 다만 그럴 때도 아이가 글쓰기 상처를 갖지 않도록 주의해야 하는데요, 그 방법에 대해 계속 안내하겠습니다.

3. 아이 스스로 소리 내어 읽도록 해 봅니다

글을 쓸 때는 생각을 풀어내는 데 집중하기 때문에 평소에 잘 하지 않는 실수도 하기 마련입니다. 글을 쓴 직후에는 틀린 맞춤법이나 띄어쓰기, 기타 여러 실수가 잘 보이지 않기도 합니다.

그럴 때는 자신의 글을 소리 내어 읽게 해 보세요. 소리 내어 읽다 보면 어색한 문장이나 글의 구성상의 부족한 점이 확연히 드러납니다. 성인들도 자신의 글을 고칠 때 소리 내어 읽어보면 좋습니다. 어색한 부분은 단번에 표가 나기 마련이거든요.

4. 첨삭할 때에는 서로 마주 앉아 첨삭 대화를 나누면서 대면 첨삭을 합니다

가끔 선생님이 아이들 글을 모두 걷어서 일괄 첨삭을 하고 나누어 주는 경우를 보고는 합니다. 선생님이 글을 다시 쓰지는 않지만 어떻게 고쳐야 하는지 교정부호로 모두 체크해 놓는 것이지요.

이는 초등 글 첨삭에서 절대 하지 말아야 할 일입니다. 글을 고치는 사람은 아이가 되어야 합니다. 맞춤법, 띄어쓰기 등의 의견이 있을 수 없는 부분은 괜찮습니다. 아이가 잘못 알고 있다면 바로 알려주어야 하니까요.

제가 말하고자 하는 것은 아이의 '생각'이나 '의견' 혹은 '논리'에 대한 부분입니다. 예컨대 아이 글에 생각이 잘 드러나지 않았다거나 무슨 말을 하려는지 의견이 불명확한 경우, 혹은 논리성이 떨어지는 경우, 선생님이 그 대안이 되는 문장을 제시해 주는 큰 실수를 하기도 합니다.

그것은 선생님의 글이지 아이의 글이 아닙니다. 아이가 말하고자 하는 생각이 불명확하다면 우선 아이와 대화를 해야 합니다. 그럼 아이가 어떤 의도로 그렇게 썼는지 알게 되겠지요. 그다음에는 아이와 어떻게 고쳐야 뜻이 더 잘 전달될지 이야기를 나누어 보세요. 그럼 아이는 생각을 다시 정돈하여 더 나은 글로 고칠 거예요.

그런데 아이와 대면하지 않고 글만 본 상태로 고치면 어른 생각대로 문장을 고쳐 놓게 됩니다. 이것은 아이 글을 더 나은 글이 아니라 한 번에 완전한 글로 고치려는 욕심에서 비롯되기도 합니다. 대화를 나눈 후에 고친 글 또한 여전히 부족해 보일 수 있습니다. 괜찮습니다. 그 이전의 글보다 조금 더 나으면 될 뿐입니다.

이처럼 아이가 스스로 고쳐나가는 과정을 겪으며 한 걸음씩 발전하는 기회를 주지 않고 어른이 단번에 고치는 이유도 잘 생각해 보아야 하는데요, 우선 한 아이 한 아이 대면하여 대화를 나누면서 고치기에는 우리 글쓰기 교육 환경이 여유롭지 못합니다. 특히 대형 초등 논술 학원은 한 반에서 상당히 많은 아이가 수업을 하기 때문에 대면 첨삭이라고는 하지만 교사가 일괄 첨삭하는 경우가 많습니다. 이런 환경에서 글을 잘 쓰는 아이를 길러내기는 쉽지 않습니다.

아이를 글쓰기 교육 기관에 맡기는 엄마라면 엄마가 학원 선택을 지혜롭게 해야 할 것입니다. 엄마가 원하는 글이 무엇인지 아는 학원들은 아이와 글 대화, 첨삭 대화를 하면서 서서히 발전시키기보다 단번에 좋은 글(사실은 좋은 글처럼 보이는)을 만들기 위하여 애를 씁니다. 그 대표적인 방법이 바로 대면하여 대화하지 않고 선생님이 일방적으로 아이 글을 고쳐 놓는 것입니다. 글쓰기마저 주입식 교육을 하는 셈이지요.

마음의 여유가 없는 엄마는 비용을 지불하면서 아이를 병들게 합니다. 글쓰기는 밥 먹는 것처럼 평생 해야 하는 일입니다. 앞서 부족해 보이는 글이 더 나아지는 과정에 대해 이야기하였습니다. 이해를 돕기 위한 표현이었으나 사실 아이들 글은 부족하지 않습니다. 못 쓰지도 않습니다. 그 나이에 맞게 쓰고 있을 뿐입니다. 이것부터 인정해야 합니다. 조금씩 발전하는 과정을 허용하고 우선 쓰는 즐거움을 누리게 해 주시면 어떨까요.

5. 되도록 당일에 고치거나 늦어도 다음 날 고치게 해 주세요

독서 지도 수업을 받는 아이라면 날마다 선생님을 만나는 것이 아니다 보니 며칠 후나 일주일 후에 글을 고치게 되는 경우도 종종 있습니다. 하지만 이 또한 의미가 없습니다. 아이들은 자신이 쓴 글이어도 일주일 후에 읽으면 그 당시에 왜 그런 글을 썼는지, 어떤 의미로 썼는지 기억하지 못할 때가 있습니다. 그래서 글을 고치기가 어려워집니다.

글을 고치는 일은 되도록 글을 쓴 그 순간에 하는 것이 좋습니다. 아이가 힘들어한다면 시간차를 좀 두더라도 당일에 하시기를 권합니다. 그것이 힘들다면 늦어도 하루 후에는 다시 읽으며 고쳐야 아이도 글을 쓸 때의 느낌을 생생히 기억하고 고칠 수 있습니다.

다만, 요령이 필요합니다. 이는 앞에서도 언급했는데요, 방금 한 편의 글을 쓴 아이에게 그 글의 고칠 것을 체크해주고 바로 다시 쓰라고 하면 아이는 지쳐 버릴 거예요. 그럴 때는 다시 쓰기보다 어떻게 고치면 좋을지 구술로만 해도 좋습니다. 또는 한 문단 정도만 고쳐 보는 것도 좋습니다.

반대로 전혀 다른 접근도 가능합니다. 아이가 쓴 글을 몇 개월 후에 고치게 하는 것입니다. 빠르면 3개월, 보통 6개월, 혹은 1년 후에 고쳐도 상관없습니다. 아이들은 시간이 지날수록 문장력과 어휘력이 자라는 것은 물론이고 생각도 자랍니다. 그래서 자기가 예전에 쓴 글을 읽으면 스스로가 부족함을 느끼지요. 그 원리를 토대로 자기 글을 고치는 것입니다. 일부만 고쳐도 좋지만, 아예 다시 쓰는 것도 괜찮습니다. 예를 들어 '초등학생에게 휴대폰은 필요하지 않다.'라는 주제로 쓴 글을 6개월 후에 본다면 그사이 생각이 자란 아이는 분명히 더 나은 글로 다듬을 수 있을 것입니다.

생활글이나 일기는 지난 기억을 떠올려 다시 쓰는 것이 의미가 없을 수도 있습니다. 경험이 담긴 글은 오히려 그 당시 기억이 점점 사라져 다시 쓰기 힘들 거예요. 그런 글보다는 자기주장을 서술한 주장글이나 독서 감상글이 좋습니다.

저와 수업한 한 아이가 '길모퉁이 행운돼지'라는 책을 읽고 독후감을 쓴 적이 있습니다. 몇 달 후 학교 숙제를 내기 위해 그 글을 다시 썼는데 몇 개월 사이지만 많이 자란 것인지 처음 쓴 글보다 훨씬 더 정돈되고 좋은 글이 되었습니다. 무엇보다 생각이 더 자랐다는 것을 알 수 있었습니다. 저 역시도 몇 달 전에 써 놓은 글을 다시 읽으면 부족함이 느껴집니다. 그리고 그사이 읽은 책과 경험으로 사유가 깊어져 그 글을 더 나은 글로 다시 쓸 수 있게 됩니다. 글도 숙성시킬 수 있다는 관점을 가지고 시도해 보세요.

6. 아이의 동의를 구하고 아이가 원하는 방식으로 고칩니다

자신이 한 일이나 결과물에 대해 누군가 틀렸다고 할 때 기분 좋을 사람은 없습니다. 특히 요즘 아이들은 워낙 어릴 때부터 학원에 시달리다 보니 평가나 점수에 상당히 민감합니다. 한 아이의 글을 즐거운 마음으로 읽고 있었던 적이 있는데요, 아이가 한껏 걱정스러운 표정으로 자신의 글이 몇 개를 틀렸는지와 몇 점인지 물어보는 모습에 마음이 아팠던 적도 있습니다.

이렇게 평가에 민감하고, 자신의 글을 누군가 틀렸다고 할 때 기분이 좋을 리가 없다면 글을 고치는 방식에 있어 여러 가지 방법을 적용해야 합니다. 가장 좋은 것은 우선 아이 글을 고칠 때 어떤 방법으로 하면 좋을지 아이의 동의를 구하는 것입니다.

연필로 살짝 고치는 것이 좋을지, 아니면 펜으로 체크해도 되는지 아이에게 선택하도록 합니다. 고치는 방식 또한 교정부호를 사용할 것인지, 새로 쓸 것인지 아이가 선택하도록 해야 합니다. 사람은 늘 자신이 선택한 것은 조금 더 긍정적인 마음으로 하게 되어 있으니까요.

아래 표를 통해 동의를 구해야 하는 요소와 자세한 설명을 덧붙이겠습니다.

아이의 선택을 요하는 글 고치기 질문	이런 질문을 하는 이유
오늘 글 같이 다듬어 볼까? 아니면 이 글은 그냥 이대로 두겠니?	가장 먼저 해야 할 질문은 고쳐도 되는지 묻는 것이에요. 간혹 글에 손을 대는 것 자체에 민감한 반응을 보이는 아이들이 있습니다. 또는 평소에 거부감이 없다고 해도 유난히 피곤한 날이나 긴 글을 써서 지친 날은 고치고 싶어 하지 않을 수도 있습니다. 그런 경우를 위해 꼭 필요한 질문입니다.
연필로 고칠까, 색깔 펜으로 고칠까?	저는 대체로 색펜은 쓰지 않습니다. 그런데 아이들에게 간혹 예쁜 색깔 펜을 보여주고 고르라고 하면 좋아하면서 고르는 경우가 있습니다. 이렇게 하면 글 고치기도 놀이처럼 되어 아이들도 즐깁니다.
교정 부호로 할까, 아니면 대화하면서 다시 쓰겠니?	글을 고칠 때 필요한 것이 교정 부호인데요, 교정 부호로 체크하는 것 자체를 싫어하는 아이들이 있습니다. 이럴 땐 교정할 내용을 알려주고 다시 지우고 쓰는 것이 좋습니다.
지우고 다시 쓸까, 아니면 종이를 새로 줄까?	어떤 아이는 틀린 부분만 지우고 다시 쓰고 싶어 합니다. 종이의 칸과 다소 맞지 않아도 그게 편하다고 합니다. 반면 어떤 아이는 그게 보기 싫다며 새 종이를 달라고 합니다. 그럴 때는 새 종이에 쓰게 해도 좋습니다. 한 문단이나 일부분만 고칠 때에는 그 부분 위에 종이를 덧대어 주고 다시 쓰게 해도 좋습니다.

7. 아이가 이해했는지 확인된 부분만 고치도록 합니다

초등 글 첨삭에서 자주 하는 실수가 또 있습니다. 지도하는 사람의 기준에서 눈에 띄는 부분을 고치는 것입니다. 왜 그렇게 고쳐야 하는지 아이는 전혀 이해하지 못하는데 지도하는 사람의 시선에서 고쳐야 한다고 판단되는 부분을 고치게 하는 것은 아이의 글쓰기 실력 향상에 전혀 도움이 되지 않습니다. 이것은 흡사 수학을 가르치며 1 더하기 1이 왜 2인지 모르는 아이에게 1 더하기 1은 2니까 무조건 외우라고 알려주는 것과 같습니다. 그 아이는 1 더하기 2가 왜 3인지 원리를 모르고 또 외우게 되겠지요. 장기적으로 수학을 잘할 수 없습니다. 글쓰기도 마찬가지입니다.

여기에서 더욱 첨삭 대화의 중요성이 강조됩니다. 아이와 대면하여 대화하면서 고쳐야 아이가 이해하고 있는지 아닌지를 알 수 있으니까요.

8. 고치는 사람의 첨삭 실력을 자랑하지 않도록 합니다

첨삭하는 사람 중 일부는 자기도 모르는 사이 자신이 아는 것을 모두 고쳐놓는 경우가 있습니다. 실력이 좋을수록 무의식적으로 그러기가 쉽습니다.

저는 오랫동안 초등학생 독서 지도를 해 왔습니다. 저 역시 부족하여 참 많은 실수를 하고는 했는데요, 제가 아이들을 만나면서 깨달은 것이 하나 있습니다. 열정 있는 교사가 오히려 아이들을 아프게 할 수도 있다는 점이었습니다.

열정이 넘치면 내가 아는 것을 아이에게 전부 전달해 주고 싶어 합니다. 전달만 하는 것이 아니라 주입시키고 싶어 하기도 합니다. 그것이 잘 가르치는 비결이라고 오해하기도 하지요. 중고등이 아닌 초등학생을 지도할수록 알려주지 않는 듯 알려주는 노하우가 더 필요하다고 생각합니다.

9. 한 번에 한 가지만 고치게 해 주세요

처음 쓴 글을 보면 고쳐야 할 부분이 많습니다. 글의 구성상의 문제, 부드럽지 않은 흐름, 논리의 오류, 틀린 맞춤법과 띄어쓰기, 비문 등이 있을 것입니다. 그래서 아이 글을 보는 사람은 자신도 모르는 사이 눈에 띄는 모든 것을 고쳐주기도 합니다. 하지만 틀린 시험지 채점하듯이 모두 고쳐주면 고칠 내용이 많아 아이는 그 내용을 모두 수용하지 못합니다.

글은 삶 내내 써야 하기에 쓰기만 한다면 쓰면서 계속 발전합니다. 여유를 가지고 그날 쓴 글에서 정말 고쳐야 하는 것 한 가지만 이야기를 나누고 고치게 해 주세요. 오늘은 글 흐름을 부드럽게 해야겠다고 생각하면 그것에만 집중하는 것입니다. 그리고 다음에 또 다른 한 가지를 집중적으로 다듬으면 됩니다. 그렇게 하나씩 해나가다 보면 글은 잘 쓰게 되어 있습니다.

여기서 주의할 점은 아이들 글을 다듬는 순서일 텐데요, 중요한 것부터 말씀드리겠습니다.

아이가 글에 표현하고자 하는 것이 잘 표현되었는가

⇩

논리의 오류는 없는가(논리적이어야 하는 글에만 해당됨)

⇩

글의 흐름은 부드러운가

⇩

비문은 없는가

⇩

띄어쓰기와 맞춤법 오류는 없는가

대략 이런 순서로 생각하시면 어떨까 합니다. 우선 하고자 하는 말이 잘 표현된 글일 경우에 논리의 오류를 살펴보아야 하고요, 그 후에 흐름이 잘 정돈이 되었는지 봅니다. 그리고 나서 비문은 없는지 띄어쓰기와 맞춤법 오류는 없는지 살펴보면 됩니다.

전체적으로 하고자 하는 말이 잘 표현되지 않았는데 흐름을 잡거나, 비문, 맞춤법, 띄어쓰기 등을 수정하는 것은 의미가 없습니다. 위 내용을 보시면 아시겠지만 적어도 초등 4학년은 되어야 위의 내용을 적용하여 다듬을 수 있을 것입니다.

10. 아이 글을 타이핑해서 보여주세요

자신의 글을 조금 더 객관화해서 볼 수 있는 방법이 있습니다. 바로 자신의 글을 타이핑된 활자로 만나는 것입니다. 저는 예전에 아이들 글을 타이핑하여 작은 책자로 만들어 준 적이 있습니다. 아이들이 자신이 쓴 글을 읽으면서 이게 정말 자신이 쓴 것이 맞냐고 여러 번 물었습니다. 신기하다면서 좋아하는 아이들도 있었지요.

자신의 글을 고칠 수 있는 시점은 자신의 글을 남의 글처럼 볼 수 있을 때입니다. 왜냐하면, 자기가 쓴 글은 논리의 오류, 지나친 비약 등이 있어도 자신만이 아는 상황과 사연이 있기 때문에 스스로 합리화하기가 쉽기 때문입니다. 따라서 남의 글이라고 생각하고 읽어야 하는데, 그렇게 남의 글로 받아들일 수 있는 두 가지 방법이 시간이 좀 흐른 후에 보는 것, 다른 형태로 활자화된 글로 보는 것입니다.

시간이 흐른 후 다시 써보기는 앞에서 제안 드렸으니 활자화된 형태로 보여주는 것도 시도해 보세요. 아이들이 정성 들여 꾹꾹 눌러 쓴 필체에 손을 대면 기분이 상할 수도 있는데 활자화된 글은 조금 덜하게 느껴집니다. 특히 자신의 필체가 아니니 글을 더 객관적으로 볼 수 있습니다. 조금 수고스러운 일이지만 아이들을 위해 못할 일도 아니지요.

아이 글을
버리지 마세요

마음이 담기는 아이의 글

아이들과 이야기하다 보면 순간순간 속상할 때가 있습니다. 수업하고 나서 가져가는 수업 결과물을 공간을 차지한다는 이유로 엄마가 버렸다는 이야기를 들을 때입니다. 바래거나 낡아서 오래 두기 뭣한 부피가 있는 독후활동 자료를 버리는 것은 어느 정도 이해할 수 있습니다. 아이가 학교나 학원에서 활동한 결과물을 다 가지고 있는 것은 현실적으로 불가능하다고도 생각합니다.

하지만 그래도 절대 버리면 안 되는 것이 있습니다. 바로 아이의 글입니다. 아이의 글은 아이가 살아온 흔적 살아가는 흔적입니다. 아이의 변화하는 생각의 흐름이 담긴 소중한 재산입니다. 성장 보고서이기도 하고요, 아이가 부모에게 줄 수 있는 큰 선물이기도 합니다. 오늘 바로 이 순간, 온전한 아이 그 자체이기도 합니다.

이 책에서 저는 제가 지도하는 아이들의 글을 몇 편 실어 아이들이 글에 마음을 어떻게 표현하는지 보여드렸습니다. 글로만 표현할 수 있는, 혹은 글에 더 잘 담기는 마음이 있다는 것을 인정하시나요? 그렇다면 아이의 마음이 담긴 글을 버린다는 것은 아이의 마음에 집중하지 않겠다는 뜻이기도 하지 않을까요?

사진만큼 소중히 간직해야 할 아이의 글

SNS 상에 아이들 사진을 올리는 엄마들을 많이 봅니다. PC 안에 차곡차곡 모아두기도 하지요. 여행을 다녀와서 사진 정리를 하기도 하고요, 아이의 나이별로 사진을 모으는 엄마들도 있습니다. PC 안이 아니라 손으로 만질 수 있는 실물 사진첩으로 만드는 엄마들도 있습니다. 그만큼 아이의 모습이 담긴 사진은 아이의 소중한 성장 과정이고, 그 사진 속에 담긴 추억을 떠올리게 하기 때문에 참 의미 있고 소중합니다.

간혹 아이의 예전 사진을 보면서 흐뭇해하기도 하고 많이 자랐다는 것을 느끼기도 할 것입니다. 가끔 아이의 어릴 때 사진을 카카오톡 프로필에 걸어두는 엄마들도 봅니다. 어떤 엄마들은 사춘기 아이를 겪고 있거나 아이가 자라 조금씩 곁을 내주지 않을 때 새삼 애교 많던 때의 아이 사진을 걸어두고 보기도 합니다. 그럴 때면 키우면서 힘든 지금의 마음이 위로가 되기도 하겠지요.

이처럼 사진은 정말 소중합니다. 사진처럼 소중히 여겨야 할 또 다른 한 가지가 바로 아이의 글인데요, 아이의 사진이 위안을 준다면 아이의 글은 지혜를 줍니다. 말을 안 듣기 시작해 엄마를 힘들게 하는 아이와 어떻게 지내야 하는지, 그런 순간 아이를 이해하며 그 시기를 잘 넘길 방법은 무엇인지 지혜를 줍니다.

내 아이가 좋은 부모가 되길 바란다면

내 아이가 좋은 부모가 되길 바라시나요? 그렇다면 더욱 버리면 안 됩니다. 어른들은 모두 아이의 나이를 거쳐 왔음에도 불구하고 아이의 행동을 이해하지 못하는 경우가 있습니다. 나는 어릴 적에 그렇지 않았는데 내 아이는 나와는 달라 무언가 특별한 행동을 한다고 생각하기도 합니다. 그래서 아이를 이해하기 더욱 어려워지고 그로 인해 갈등이 시작되는 것이겠죠.

내 어린 시절을 잊지만 않아도 아이를 잘 키울 수 있다고 합니다. 내 아이는 나와 다른 것 같지만 사실 모두가 그렇게 자라왔습니다. 초등학생이 자주 하는 고민, 중학생이 되어서 하는 고민을 다 했을 것입니다. 그 나이에 부릴 말썽도 다 부리고 컸을 것입니다. 온종일 거울만 들여다보던 사춘기 소녀의 순간 또한 대부분의 엄마에게 있었을 거예요. 하지만 너무도 빠르게 잊기 때문에 내 아이 행동이 이해가 안 가거나 못마땅한 것이겠지요.

인간이 망각의 동물이니 당연한 일인지도 모르겠습니다. 엄마가 되면 엄마라는 신분에 충실하느라 과거에 다녀올 여력이 없어 더욱 그럴지도 모르겠습니다. 그럴 때 좋은 방법은 바로 내 지난 글을 보는 것입니다. 내가 5학년 때 쓴 글 속에 지금 5학년 내 아이가 있을지도 모를 일입니다. 못마땅해 보이는 내 아이 모습을 과거 내 일기 속에서 발견하고 화들짝 놀랄지도 모릅니다.

아이의 글을 읽으며 되새기는 추억

저는 저와 수업하는 아이들 글을 모아 둡니다. 2015년 9월에 논술 교실을 개원한 이후로 모으기 시작해서 지금은 양이 꽤 많아졌습니다. 사교육의 특성상 아이들이 얼마간 다니다가 그만두는 경우가 종종 있는데요. 한참 수업을 잘하고 있을 때 그만두는 경우가 있어 속상하기도 합니다. 하지만 제가 한편으로 위안받는 것이 있는데 아이들의 글이 저에게 남아 있다는 것입니다.

저는 그 아이들의 글을 종종 읽습니다. 아이가 1년 전, 아니 고작 몇 달 전에 쓴 글인데도 읽다 보면 참 많이 컸다는 생각이 듭니다. 일주일에 한 번 만나지만 아이의 글을 읽고 아이의 행동이 이해되기도 합니다. 아이가 글을 쓴 직후에 분명 읽었던 글인데 아이와 함께 하는 시간이 늘어가고 자라는 아이를 보면서 그 글의 의미를 나중에 깨닫게 되기도 합니다. 그럴 때마다 저는 '아이를 다 이해하지 못하고 있다'는 자책이 들기도 합니다. '지난번에 그 행동이 그런 의미였는데 내가 몰라주었구나.' 하는 미안함이 생기기도 하지요. 그런 순간마다 저는 글의 위대함을 느낍니다.

저는 논술 교실을 운영하기 때문에 아이 글을 모아두지만, 논술 학원에 다니지 않는다고 해서 아이 글이 없지는 않을 것입니다. 학원에 다니는 것과 상관없이 글은 써야 하니까요. 가장 일반적인 것은 일기일 것입니다. 물론 검사받기 위한 가짜 일기가 아니라 마음을 솔직히 표현한 진짜 일기를 말하는 것입니다. 아이가 쓴 독서록도 있을 거예요. 그 외의 글들 역시 다소 부족해 보여도 모두 모으시기를 부탁드려 봅니다.

한 가지 아쉬운 점은 저 역시 제 어릴 적 글을 모아두지 못한 것입니다. 가슴에 사무칠 정도로 후회스럽습니다. 당시에 썼던 글들이 어렴풋이 기억 속에 남아 있을 뿐이에요. 선생님께 칭찬받아 기뻐했던 '라디오'라는 제목의 시, 할아버지 댁에 살면서 어린 나이부터 농사일을 도우며 힘들었던 마음을 담은 '깻잎'이라는 수기 등 몇 편은 제 가슴에만 남아 있어 내용이 온전치 않아 참 아쉽습니다.

다시 예전으로 돌아간다면 반드시 제가 쓴 글들을 모아두려고 합니다. 그리고 힘든 순간에 꺼내 보며 글 속의 어린 나를 만날 것입니다. 그 어린 나를 다시 위로하고 어루만져주면 어른이 된 지금의 저에게 용기를 줄 테니까요.

아이들에게 물려주어야 할 가장 큰 재산은 책 읽기 습관이라고들 합니다. 저는 그다음이 아이가 쓴 글이라고 말하고 싶습니다. 실제로 아이들 글을 차근차근 모아 제본을 해서 책 형태로 만들어 주거나 흔치 않지만 실제로 출간하는 경우도 있습니다.

정말 모아야 하는 걸까, 꼭 모아야 하나 의구심이 드시나요? 그렇다면 마음을 가만히 들여다보세요. 혹시 마음 한 켠에 아이의 글은 부족하다는 생각이 있지는 않으신가요? 어릴 때 쓴 글은 미완성이라는 마음이 있지는 않으신지요. 그렇게 생각하면 아무렇지 않게 버릴 것이 분명합니다.

아이의 어릴 적 모습이 담긴 사진을 아직 어른이 되기 전이라는 이유로 버리는 엄마는 없습니다. 그렇다면 아이의 글 또한 그런 시선으로 보아야 할 거예요. 어떠한 글이든 아이 글을 버리지 말고 차곡차곡 모아 아이가 어른이 되었을 때 건네보세요. 부모가 줄 수 있는 최고의 유산인 독서습관과 더불어 훌륭한 유산이 될 테니까요.

부록

가정에서 활용하는
글쓰기 서식

이야기책 독서록 인물 중심

> 📄 책 제목 :

오늘 내가 읽은 책은 _____ 이다.

이 책은 _____ 님이 쓰신 책이다. 이 책에 나오는 사람은

_____ 등이다.

그중에서 나는 _____ 가 가장 괜찮다고 생각한다

왜냐하면 _____ 이다.

그리고 _____ 님이 가장 나쁘다고 생각한다.

왜냐하면 _____ 이다.

인물들 중에서 내가 닮고 싶은 사람은 _____ 이다.

그 인물처럼 _____ 하고 싶다.

★ 197쪽의 내용을 참고해서 빈칸을 채우세요.

이야기책 독서록 사건 중심

📄 책 제목 :

오늘 내가 읽은 책은 —————————————— 이다.

이 책은 —————— 님이 쓰신 책이다. 이 책에 나오는 사람은

—————————————————————————— 등이다.

이 책에서 나는 —————————————— 이 생각난다.

—————————————————————————— 때문이다.

그리고 —————————————— 한 장면도 생각난다.

—————————————————————————— 때문이다.

나는 이 책을 읽고 —————————————————— 했다.

★ 197쪽의 내용을 참고해서 빈칸을 채우세요.

이야기책 독서록 경험 중심

📖 책 제목 :

오늘 내가 읽은 책은 —————————————— 이다.

이 책은 ——————— 님이 쓰신 책이다. 이 책에 나오는

사람은 —————————————————————— 등이다.

나는 이 책을 읽고 ————————————— 일이 떠올랐다.

그 일은 ———————————————————— 이다.

이 일이 생각난 이유는 ——————————————— 이다.

그래서 이 책을 읽고 ——————————————— 했다.

★ 198쪽의 내용을 참고해서 빈칸을 채우세요.

이야기책 독서록 인물 중심

📖 책 제목 :

인물 소개 + 생각	
인물 소개 + 생각	
인물 소개 + 생각	
전체 내용에 대한 소감(생각)	

★ 201쪽의 내용을 참고해서 빈칸을 채우세요.

도서출판 이비컴의 실용서 브랜드 **이비락**樂 은 삶에 긍정적인 변화를
가져다 줄 유익한 책을 만들기 위해 끊임없이 노력합니다.

원고 및 기획안 문의 : bookbee@naver.com